頭で考える前に「やってみた」人が、うまくいく

ユダヤ人も華僑も凌駕する「ジュガール」の法則

サチン・チョードリー
SACHIN CHOWDHERY

ACTIONS SPEAK LOUDER THAN WORDS.

フォレスト出版

プロローグ——あなたが持っている才能を動かすメソッド

真面目で、頑張ろうとする人ほど、動けなくなる

本書を手に取っていただき、ありがとうございます。

あなたは、どのような理由で本書を手に取ってくださったのでしょうか？

「頭で考える前に『やってみた』人が、うまくいく」という本書のタイトルに興味を持っているとしたら、**そんなあなたは、とても真面目な人**かもしれません。

いいアイデアが思い浮かんだり、やってみたいと思っても、真面目だからこそ、頭の中で一生懸命考えて、さまざまな未来予測をしてしまい、結局、動けなくなる。

学習意欲が旺盛で、あらゆる知識やスキルをインプットしているのに、頭の中でいろいろ考えてしまい、失敗したくないという気持ちが先に思い立ってしまい、結局、せっかくの知識やスキルを活かせないままでいる。

そんな人が、とても多いような気がします。

本来、真面目なこと、一生懸命頑張ろうという精神は、すばらしいことです。

しかし、**その真面目さが逆に、あなたのせっかくの才能やアイデア、知識・スキルを宝の持ち腐れにしてしまう**ことがあるのです。

頭で考える前に「やってみた」人になれるメソッド

国内外問わず、多くの成功者の共通点があります。

それは、なにかいいアイデアややってみようと思いついたら、頭で考える前に、とにかくアクションを起こすというものです。

たとえ失敗したとしても、すぐに行動に起こしているので、修正して再チャレンジすることも可能です。

ところが、ああでもない、こうでもないと、頭の中で考えることに時間を費やし、ようやくやろうとしたときには、時はすでに遅し。他の誰かがすでにやって成功していたり、失敗できる時間もなく、再チャレンジが難しい状況に追い込まれている――。**せっかくのアイデアも無駄になってしまう**わけです。極端に言えば、その思いついたアイデアはなかったことと言い換えても過言ではないでしょう。

それは、本当にもったいないことです。

古今東西の成功者は、実行した上での失敗よりも、実行しない失敗を恐れています。

そんな「実行しない失敗」を回避する成功法則として、ここ数年、世界中で注目されているメソッドがあります。

それが、本書の軸となるテーマ**「ジュガール」**です。

ジュガールには、成功を得るための叡智が凝縮されています。

「とは言っても、かなり難しいことなんでしょ？」と思う人もいるかもしれませんが、**何も心配することはありません。**

これから説明するジュガールは、とてもシンプルなことばかりです。書いてあることを行動に移せば、あなたの人生はとてもすばらしいものに変化していくことでしょう。

大切なのは、「行動すること」です。

私自身、ジュガールの教えを守り、行動することで人生を変えてきました。それは、あなたにも必ずお役に立つはずです。

なぜ、世界的企業のトップが印僑なのか？　彼らに共通する思考法

「ジュガール」とは何かという話をする前に、少しだけ私自身の話をさせてください。

私、サチン・チョードリーは1973年にインドのニューデリーで生まれました。子供の頃に父親の仕事の関係で初来日し、バブル期の東京を見たのです。

ご存じの方も多いと思いますが、バブル期の東京は他に類を見ないほど華やいでいました。帰国後もきらびやかだった日本のことが忘れられなかった私は、1996年に1人で再来日することを決意したのです。

しかし、お金も人脈もなく、片言の日本語しか話せないインド人がそうやすやすと仕事にありつけるはずもありません。

やっと見つけた「飛び込み営業」の仕事でも苦労の連続で、日本的な仕事のやり方についていけず、挫折しそうになっていたのです。

そんなあるとき、たまたま一時帰国していたインドで印僑の大富豪と面会する幸運に恵まれ、彼から「日本での仕事がうまくいかないのなら、ジュガールを使いなさい」とアドバイスをいただいたのです。

印僑とは、海外に渡って暮らす中国人を「華僑」と呼ぶように、インド国外に住んで活躍しているインド人のことを指します。

印僑には非常に優秀な人物が多く、フォーブスの世界長者番付には印僑を含むインド人が84人もランクインしていることをご存じでしょうか。

マッキンゼー、マスターカード、ペプシコ、モトローラ、アドビシステムズ、シティグループなど、有名企業のトップはみな印僑なのです。

のちに私は多くの印僑の大富豪たちに話を聞いたのですが、「なるほど、だから印僑はお金持ちになれたのか」と思うような共通点がたくさんありました。

その根底にあるものこそが、「ジュガール」なのです。

成功を得るための叡智「ジュガール」の効力

ジュガールを日本語で上手に説明することは難しいですが、アバウトに言えば、**「インドに伝わる生き方の智慧」**のようなものとご理解ください。

私もインド人ですので、もちろんジュガールのことは知っていました。

しかし、印僑の大富豪からアドバイスをもらうまで、それを日本で活かすなど考えたこともありませんでした。

私が日本に戻り、アドバイスにしたがってジュガールを実践したところ、驚くべき変化が起こりました。なんと、飛び込みの営業で4カ月連続営業成績全国1位という快挙を成し遂げることができたのです。

その後、私は会社から独立し、母国インドはもちろん、日本でも実業家、国際コンサルタントとして仕事をし、インド、アメリカ、東京、島根で複数の会社を経営する他、パナソニックや三菱電機、アクセンチュアなど大企業の異文化経営・異文化戦略の指導にも携わっているのです。

私が飛び込みの営業からここまで多くの成功を得たのは、印僑の大富豪からアドバイスをもらって、わずか数年のことです。

この成功をもたらしてくれたのは、ジュガールのおかげと言う以外ないでしょう。

「たったコイン1枚で、1週間以内に自分の宮殿を何かでいっぱいにする」あなたなら、どうする？

インドにはこんな寓話があります。

昔々、とある国の王さまが自分の後継者を決めるために、3人の王子を呼んでこう言いつけました。

「自分の宮殿を1週間以内に何かでいっぱいにしてみよ。ただし、おまえたちが使えるのはコイン1枚だけだ」

3人の王子たちは、その難題に頭を抱えました。3人ともとても大きな宮殿に住んでいましたし、コイン1枚では買えるものも限られています。いったいどんなもので宮殿を埋め尽くせばいいというのでしょうか……。

1週間後、王が王子たちの宮殿を検分する日がやってきました。

1番目の王子は、コインで安いワラを大量に買い集め、宮殿に運び入れていました。しかし、ワラは広い宮殿の3分の2までしか埋まっていません。これでは条件を満たしたことにはなりません。

王は不満顔で、次の王子の宮殿に向かいました。

2番目の王子は、なんと町中のゴミをかき集めて、ゴミで宮殿をいっぱいにしていました。ゴミなら費用もかかりませんし、いくらでも集められると考えたわけです。しかし、いくら条件を満たしたとはいえ、王はあまりの強烈な臭いに眉をひそめ、ますます不機嫌になって宮殿を去ってしまったのです。

3番目の最も若い王子がやったことは、ちょっと変わっていました。兄たちのように宮殿へモノを運び込むのではなく、宮殿からありとあらゆるものを運び出し、宮殿内の壁や床をピカピカに仕上げていたのです。

王は夜になって、3番目の王子の宮殿を訪れました。

広く静まり返った部屋のなかには何ひとつモノがなく、ただ、それぞれの部屋や廊下の燭台に火が灯されて、その光がピカピカの壁や床を照らして神秘的な輝きを放っていました。

王は王子に言いました。

「なんという荘厳な美しさだろう。だが王子よ、予は何かで宮殿をいっぱいにせよと申しつけたはずだ。その約束はいったいどうなったのじゃ」

王子は微笑みながら答えました。

「宮殿内はどこもかしこも、灯りで照らし出されています。私は宮殿をピカピカにすることで、光でいっぱいにしたのです」

その答えに王は満足し、この3番目の王子を後継者に決めたということです。

この話は、ジュガールをもとに作られたものなので、少し長くなりましたが、引用させていただきました。

3番目の王子の〝**発想によって一見誰にも解決できなそうな難題を解決した**〟ことこそがジュガールなのです。

今の世の中は、王様が与えた難題のように「予定調和的な従来的・常識的な発想」だけでは乗り越えられない時代になってきています。

これからは常識にとらわれない、3番目の王子の発想、すなわちジュガール的思考が必要不可欠になると私は思っています。

ジュガールを理解していくための7つのエッセンス

さて、ジュガールをしっかりと理解するためには、おおまかに7つのエッセンスがあります。

①少ない力で多くのものを得る。

②自分の枠を超えた発想で考え、行動する。

③やわらか頭で考えてピンチをチャンスにする。

④シンプルに考える。

⑤決してあきらめない。

⑥自分を抑えつけない。

⑦セルフ・エフィカシー（自己効力感）を大事に育てる。

これら7つがジュガールを理解していくためのエッセンスです。

第1章ではこの7つのエッセンスについて説明していきます。ジュガールの基礎となるものなので、しっかりと把握してください。

そして、**第2章以降では、「お金」「コミュニケーション」「人間関係」「人生」**それぞれのケースにおけるジュガールの応用方法を具体的に解説していきます。

あなたの人生に当てはまるものが必ずありますので、ぜひ活用してみてください。

ジュガール的な思考ができれば、あなたの夢や自由を手に入れて成功に導くことは間違いありません。

さあ、あなたの人生を変えるエッセンスを手に入れる旅に出かけましょう！

頭で考える前に「やってみた」人が、うまくいく◎CONTENTS

第2章

ジュガールが、お金の不安を消して、お金を引き寄せる

第3章

人をどんどん引き寄せる ジュガール式「コミュニケーション」術

第4章

今すぐできるジュガール式「人間関係」のつくり方

第5章 ジュガールが、人生を豊かにする理由

装幀◎河南祐介（FANTAGRAPH）
本文デザイン◎二神さやか
編集協力◎佐藤裕二
DTP◎株式会社キャップス

第1章
成功の道を開く「ジュガール」7つのエッセンス

少ない力で、多くの利益を得る

車のガソリンが切れても、商談に間に合わせる方法

ジュガールを理解するための鍵の1つ目「少ない力で多くのものを得る」ためには、常識を疑わなくてはなりません。

たとえば、運転中にガソリンがなくなって車が停まってしまったとしたら、あなたはどうしますか？

これから商談があるため急いでいたのに、近くにはガソリンスタンドも見当たりません。

日本人の方に「こんなとき、あなたならどうする？」と尋ねると、だいたい2つの回答が返ってくることがほとんどです。

「商談相手に連絡して、面会日を変更してもらう」

「JAF（ロードサービス）を呼んで、スタンドまでレッカーしてもらう」

確かに、一見すると、この2つの回答は正しいように思えます。

しかし、もし今日相手に会わなければ、商談が成功しない可能性だってありますし、JAFを呼んでいたらとても商談には間に合いません。

もっと**簡単に、時間をかけず、素早くトラブルを解決できる方法**は、本当にないのでしょうか？

こんなとき、ジュガール的な思考のできる人だったら、きっとこうすると思います。

「通りがかった車を停めて、少しだけガソリンを分けてもらう」

ガソリンはスタンドにたどり着くのに足りればいいので、少しだけでかまいません。

もちろん、そのガソリンを譲ってくれた相手に対しては、しっかりとお礼を言って十分な代金をお支払いします。

これなら、時間も手間もかけずに、商談に間に合わせることができるでしょう。

皆さんは、「そんなこと本当にできるの？」と疑われるかもしれませんが、この話は、日本のインド大使館に勤めていた私の友人の実話なのです。

日本人はとても親切なので、ガソリンを分けてくれる人も少なくありません。なのに、分けてもらう側になると「そんなこと、できるはずがない！」と疑ってしまうのです。

素直に考えれば、**「分けてもらう」という選択肢**が出てきてもおかしくないのですが、なぜか日本人からこの回答を得られることはほとんどないのです。

なぜ、一番の近道があるのに、わざわざ遠回りをしなければならないのでしょうか？　とても不思議ですよね。

ジュガールでは、わざわざ不必要な手間はかけません。

むしろ、**少ない力で多くの利益をもたらす**ことを良しとします。そんなの当たり前のことですよね。でも、あなたは、その当たり前のことができているでしょうか？

飛び込み営業で、全国トップになった人の秘策

通りがかった車に停まってもらって、少しだけガソリンを分けてもらうという行動は、日本人にとって容易ではないと思えるかもしれません。

しかし、昔の日本人はこういったたくましい精神を持っていたと思います。その人たちが日本を世界有数の経済大国にして、さまざまなシステムをつくり上げました。ところが、今の日本人はどうでしょう。昔のたくましい日本人が築き上げた既存のシステムにあぐらをかいてはいないでしょうか？

本当にそのシステムが正しいのか疑問を感じながらも、そのシステムの中にいるのが心地良いために、どっぷりと身を委ねてしまっているのです。それでは、常識を変えることなんてできませんよね。

ここで再び、私の話をさせてください。

プロローグでもお話ししたとおり、私は単身で日本にやって来て飛び込み営業の仕事をしていました。まだジュガールを用いる前の私は、見ず知らずのお宅を訪れては

チャイムを鳴らし、商品の説明をして買ってもらうように努力していました。

しかし、これがまったくうまくいかないのです。それも当然と言えば当然のことなのですが……。

もし、あなたの家のチャイムが鳴って外を見てみたら、スーツ姿のインド人が立っているのです。あなたなら商品を買おうと思うでしょうか？

それどころか、話を聞くまでに至らず、ドアすら開けないのではないでしょうか？

これは、決して日本人を責めているわけではありません。もし、逆の立場で私のインドの自宅に日本人のセールスマンが来たら、同じ対応をしていたかもしれません。

今思えば、問題があったのは、私のやり方だったのです。

ジュガールを用いる前の私は、訪問販売という日本の非合理的な営業スタイルに疑問を感じながらも、「これが日本のやり方だから仕方がない」とあきらめて、型にはまったセールストークを必死に続けていたのです。

しかし、印僑《いんきょう》の大富豪からのアドバイスでジュガールを用いるようになってから、私は変わりました。

具体的に言えば、少ない力で多くの利益を得られるように行動したからです。

先ほどの運転中にガソリンがなくなって車が停まってしまったという話と同様に考えましょう。

あなたは飛び込み営業のセールスマンです。もっと営業成績を上げるためにはどうすればいいでしょうか？　あなたはどのような方法を考えつきましたか？　多くの場合は、次のような回答になると思います。

「もっと多くの家を回って、営業をがんばる」

「商品についてのセールストークを磨く」

これはこれで営業努力の1つであることは間違いありません。

しかし、ジュガール的に言わせていただくと完全な間違いです。

私が実際に4カ月連続営業成績全国1位という快挙を成し遂げることができた方法は、「親しくなったお客様に、クライアントを紹介してもらった」ことです。

「なんだ、そんな単純なことか」と思われるかもしれません。そう、とても単純なことだったのです。しかし、**多くの日本人ができていない単純なこと**でもあります。

飛び込み営業を続けていれば、多少なりとも親しくなるお客様は現れます。そのお客様としっかり信頼関係を築いて、他にも商品を必要としているクライアントがいないか尋ねてみたのです。

もちろん、信頼の輪を広げるために、さまざまな努力はしました。しかし、それは無鉄砲に営業先を増やしたり、型にはまったセールストークを磨く努力よりはもっと簡単で合理的なものだったと思っています。私自身、「仕事にジュガールを取り入れただけで、短期間でこうも変わるものか」と驚きました。

あなたは、少ない力で多くの利益を得る方法を真剣に考えていますか？

ジュガール・エッセンス

・わざわざ不必要な手間はかけず、一番の近道を選ぶ。
・日本人ができていないのは、意外にとても単純なこと。
・ジュガールを取り入れれば、短期間で成功することができる。

過去の経験・常識を破って、発想・行動をする

成功できない人の悪い思考グセ

私はよく日本でセミナーや講演会を行なっており、日本の方々の意見を聞く機会も少なくありません。当然、こうしたセミナーや講演会に参加される人は、皆さん自分を成長させたいという意思を持った前向きな方ばかりです。

新たな事業を始めたいという経営者もいらっしゃれば、もっとさまざまな企画にト

ライしたいというビジネスパーソンもいらっしゃいます。

これだけやる気を持った人たちの集まりであるにもかかわらず、少し首をかしげたくなるようなことを言われる方も少なくありません。

「やりたいことはあるんですが、私にできる自信がありません」

「私はそうは思わないのですが、上司がやれと言うものですから」

「わかってはいても、なかなか一歩を踏み出すことができないんです」

「ついつい他人の意見に流されてしまうことが多いんです」

これらの言葉を聞いて、あなたはどう思うでしょうか？

「人生なんてそんなもの」と思いますか？

私はこういった言葉を聞くたびにとてもガッカリします。そして、「もったいないな」と。

彼らは、「やりたいこと」もしくは「やってはいけないこと」を理解しているにもかかわらず、**「どうせ自分はできない」**と自分の限界の枠を決めてしまい、その枠から出ようとしないのです。

もし、彼らがチャレンジして、ダメだったのなら理解はできます。

ところが、話を聞いてみると、誰もが**チャレンジもせずに勝手に決めつけているの**です。

これが、やる気にあふれているはずの受講生の意見なのです。

ですから、おそらく相当な数の日本人は、**自分を枠にはめて生きている**のではないかと想像できます。しかも、勝手に。

成功できない人が、恐れていること

もしかしたら、あなたは「こういうときは、こうしたらいい」というパターンを決めつけていませんか？

また、あらかじめ「できない理由」や「断る理由」を考えていませんか？

これらの行為は、自分を枠にはめてしまう悪習です。

意識的に目立ったり発言するのを避けて、自分を狭い枠の中に閉じ込めてしまう非常に危険な悪習なのです。

人には**「変わるのが怖い」**という気持ちがあります。

なぜなら、**変化には必ず危険が伴います**から、いつまでも安全な場所にいたいですよね。

しかし、いつまでも決まった枠の中にいたら成長はありませんし、当然のことながら、人生も何の変哲もないつまらないものになってしまうのです。

過去の経験や常識に、自分をはめない習慣

ジュガールでは、「自分を枠にはめる」ことを良しとしません。むしろ、「自分の枠を超えた発想で物事を考え、行動する」ことを求めます。

つまり、ジュガール思考で考える人は、いつも「自分の枠を超えた発想ができているか」「自分の枠を超えた行動ができているか」を意識しているのです。

それは、ビジネスに限ったことではありません。買い物をしているときも、友達と語らっているときも、どんな活動をしているときも、休むことなく意識します。

その意識づけを私は**「アウト・オブ・ザ・ボックス」**と呼んでいますが、自分をはめ込む枠というのは、本当に小さな箱のようなものです。

そこから飛び出して外の世界を見てみれば、本当に自分がちっぽけな存在だったと気づくはずです。

あなたが枠にはまった考え方をしていた場合と、常に枠を超えた考え方をしていた場合、その成長度の違いは何となくわかりますよね。

冷蔵庫に電気は絶対に必要か？ ヒット商品の共通点

ウォークマンが誕生したのも、「歩きながら音楽を聞きたい」という当時としては枠にはまらない発想が誕生させたシロモノですし、iPodだってその考えをさらに発展させて「1000曲をポケットに」という驚きの発想で誕生しました。

このような枠にはまらない考えこそが、人々の人生を変えるほどのビッグヒットを生む要因であり、成功の秘訣なのです。

今、インドでは「ミティクール」という電気のいらない冷蔵庫が空前の大ヒットを続け、最近では海外でも注目されて輸出されるようにもなっています。

この冷蔵庫をつくったのは、ムンサク・プラジャパティさんという高校も卒業していない貧困層出身の陶器職人です。

彼はある日、5種類の粘土を混ぜてつくった陶器に水をかけると、8度冷えることを発見しました。インドでは、未だに電気が通じていない村がたくさんありますから、冷蔵庫として利用できるのではないかと思いついたのです。

これこそ、**自分の枠を超えた発想で物事を考え、行動した賜物**ですよね。

電気のいらない冷蔵庫なんて、とても今の日本人には考えつかない発想だと思います。

しかし、今のインドではこういった常識の枠では思いもつかないような商品がたくさん登場して、貧困層から大富豪になるケースも珍しくはないのです。

あなたが本当に人生を変えたいのであれば、「自分の枠を超えた発想で物事を考え、行動する」ことをジュガールは求めます。

「枠にはまらない発想」をする最重要ポイント

「自分の枠を超えた発想をすることが大事なのはわかったけど、どうすればそういう考え方ができるのかがわからない」と言う人も多いでしょう。

どうすれば常識にとらわれない発想力を養えるか。1つアドバイスするのなら、**「子供のように素直な気持ちで考えること」**を大事にしてみてください。

たとえば、アニメ『ドラえもん』のひみつ道具を思い出してください。「タケコプター」や「どこでもドア」など子供の頃に憧れたアイテムがたくさん登場しますよね。そういった、「あんなことしいいな」「できたらいいな」と思うようなものを考えればいいのです。

常識を超えるといっても、アニメの世界と現実を一緒にするのには抵抗感があると言う人もいるでしょう。

しかし、考えてもみてください。先ほどお話ししたウォークマンやiPod、ミティクールなどは、まさにドラえもんのひみつ道具のようではありませんか？

むしろ、**子供っぽいくらいシンプルな発想**をしていたほうが、常識にとらわれないような考えを生み出すことになるのです。

実は、私のビジネスも、意外と子供のようなシンプルな発想のものがヒットしていたりします。
一時期、私はニューデリーのＤＬＦというショッピングモールに、日本の食文化を広めるために「ＩＺＡＫＡＹＡ」を経営していたのですが、これは「インドにも日本のような居酒屋があればなぁ～」というとてもシンプルな発想からで、おかげさまで大成功しました。

ジュガール・エッセンス

・チャレンジする前に「どうせ自分にはできない」と決めつけない。
・始める前から「できない理由」や「断る理由」を考えない。
・子供のように、素直な気持ちで常識にとらわれない発想をする。

やわらか頭で考えて、ピンチをチャンスに変える

成功に必要なのは、プラス思考？　マイナス思考？

あなたは、コップに半分入った水を見て「もう半分しかない」と思うでしょうか？
それとも「まだ半分もある」と思うでしょうか？
これは、プラス思考の大切さを説明する際によく使われる例です。
コップに入った水の量は同じなのに、「もう半分しかない」「まだ半分もある」と真

逆のとらえ方をする人がいます。しかし、どうせなら「まだ半分もある」ととらえたほうが前向きになれますよ、というわけです。

これは、お金に言い換えることもできます。水だとプラス思考でとらえられても、お金になるとマイナス思考になる人が多くいます。

今まで貯金してきたものが半分になってしまったとしましょう。

これを「もう半分しかない」「まだ半分もある」のどちらでとらえるかによって、人の行動は変わります。

貯金が「もう半分しかない」ととらえる人は、きっと節約を始めるでしょう。一方、「まだ半分もある」ととらえる人は、これを元手に新たなチャレンジをしようと考えるでしょう。**どちらが正しいとは一概には言えません**が、物事をプラス思考でとらえたほうがチャンスや成長する可能性は増えるわけです。

プラス思考、マイナス思考より、もっと大事な考え方

さて、では、ジュガールではどちらにとらえることを良しとするか？

結論としては、「まだ半分もある」と考えるのも正解ですし、「もう半分しかない」と考えるのも正解です。

こう説明すると、「ジュガールとはずいぶん優柔不断な考え方だ」と思われるかもしれませんが、そうではないのです。

これは、特に日本人に言えることですが、「プラスにとらえましょう」と言うと、ほとんどの人が〝右へならえ〟で「まだ半分もある」と考えるようになってしまうのです。もちろん、プラス思考はすばらしいことだとは思いますが、もし半分残った貯金を元手に投資をして失敗してしまったとしたら、どうするのでしょうか？

ジュガールは、一方行的なとらえ方を良しとはしません。

ジュガールは**「もう半分しかない」「まだ半分もある」の両方をきちんと考えた上で、最善の行動を取る**ことを求めます。

これは、先ほど説明した「自分の枠を超えた発想で考え、行動する」にも通じますが、枠を超えた発想をするためには、偏ったものの見方をしていてはできません。

常に頭をやわらかくして、**常識や固定観念に縛られることなく、フレキシブルな行動をする**ことこそが、成功への近道なのです。

インドの貧困地に電気をもたらした発想法

ジュガールを用いて頭をやわらかくしたことで成功した例をお話ししましょう。

インド政府が電気のない生活をしている6億の国民に、効果的に電気を供給する方法を模索していた頃のことです。

インフラを整えるには莫大な費用がかかりますし、たとえインフラを整備したとしても、電気を受け取る側は電気代を払うほどの経済的な余裕もありませんでした。

この問題の解決に乗り出したのが、バンガロールという都市でSELCO社を設立したハリッシュ・ハンデさんでした。

彼は、比較的安価な地方の流通ネットワークを使うことで、奥地でもすぐに修理できるモジュール式ソーラー照明システムを開発しました。しかも、料金については、従量料金制（利用量に応じて課金されるシステム）で手頃な価格の電力を届けたのです。

このSELCO社の倹約的なエネルギー分配システムは、常時使用できるけれど無駄の多い送電網と違い、より低コストでより多くのインド人に大きな価値をもたらしました。もちろん、環境と経済の両面において持続可能なのです。

ハリッシュさんは、インフラを整えるには**「十分な費用がある」とポジティブにとらえて**モジュール式ソーラー照明システムを開発し、また住民には一般的な電気代を支払う**「経済的な余裕はない」とネガティブにとらえて、**倹約的なエネルギー分配システムをつくり上げたのでした。

このプロジェクトは、ポジティブ思考だけでは成功せず、もちろんネガティブ思考だけでも成功しなかったのです。

やわらかな頭を使って、さまざまな面から物事をとらえた彼は、まさに最善の行動を取ることができたと言えます。これこそが、ジュガールなのです。

ハリシュさんは、ジュガールを用いることによって、インドの最奥地で10万軒以上の家庭や店舗、学校に電気をもたらすことに見事成功しました。

自分一人で、大きな成功はできるか？

どうすれば、頭をやわらかくしてフレキシブルに行動できるのでしょうか？

このテーマについて話すためには、まず日本人独特の資質についてお話ししなければなりません。

私は常々思っているのですが、日本人は非常にプライドが高いのです。この話をすると、「いやいや、日本人は謙虚ですよ」と反論する人も多いのですが、その反論こそがプライドの高さを表していると思うのです。

実際、私は日本人に間違いを指摘すると、嫌な顔をされることが多いのです。

もちろん、失礼のないように気遣いながら指摘しているにもかかわらず、「なんでそんなことを言うの?」という顔をされてしまいます。

たとえば、欧米の人に間違いを指摘すると、笑って受け入れ、時には感謝すらされることもあるのです。

この対応の違いは、はっきりと感じます。

プライドが高いというのは良い面もありますが、私は足かせになることのほうが多いと考えています。**世の中には、自分が正しいことばかりではなく、むしろ知らないことや間違って覚えてしまったことのほうが圧倒的に多い**のです。

それを受け入れられるかどうかは、頭をやわらかくすることに通じると思います。

プライドを捨てることこそ、やわらか頭への近道なのです。

これは、頭ではわかっていてもなかなか受け入れられないことだと思います。まずは、自分の殻を破って、他人を受け入れなければなりません。

自分ひとりで大きな成功ができるなんて考えないでください。

成功は、みんなの協力があればこそ、得られるものなのです。

ジュガール・エッセンス

・他人の意見に、すぐに〝右へならえ〟しない。
・プラスマイナスだけでなく、さまざまな面を見て物事を考える。
・やわらか頭になるためには、プライドを捨てる。
・大きな成功は、自分ひとりでできないことを自覚する。

やっぱり、シンプル・イズ・ベスト

多機能重視とマインド重視、売れるのはどっち？

たとえば、ここに3つの異なる国のリモコンがあるとしましょう。それぞれがデザインに違う特徴を持っています。

1つはアメリカの**アップル社のテレビのリモコン**。スティーブ・ジョブズは「シンプルを設計する世界一の天才」と呼ばれていましたが、その教えのとおり、**徹底して**

シンプルさが追求されています。iMac、iPod、iPhoneなど、これまでのアップル製品と同様、操作も簡単で使いやすそうですね。

もう1つは、**韓国サムスン社のテレビのリモコン**。LG社などもそうですが、韓国の家電メーカーは、シンプルさという要素に加えて、**デザイン性をとても重視**しています。すっきりとまとまっていて、これなら〝持っていたい〟〝身近なところに置いておきたい〟という気になります。実際、韓国製のテレビは、日本を抜いて世界各地で大きく売り上げを伸ばしています。

最後は、**日本のメーカーのリモコン**。言うまでもなく〝何もこんなにたくさんつけなくても〟というくらい、操作ボタンがいっぱい。**多機能満載**すぎて、どのボタンを使えばいいのかわからなくなりそうです。

中には〝こんな機能、いらないんだけどなあ〟というものもついています。日常の生活でいつも使う操作ボタンはだいたい限られているものです。きっとあなたも、使ったことのあるボタンよりも使ったことがないボタンのほうがはるかに多いのではないでしょうか？

私は思うのですが、日本のリモコンの場合、使う人に〝これを持ち続けていたい〟

〝シンプルで使いやすそうだ〟〝使うのが楽しくなりそうだ〟といった気分にさせるマインド面がブランディングされていないような気がします。

どこか〝こんなにたくさん機能があってすごいだろう〟という慢心みたいなものを感じます。

しかも、日本のメーカーは、どのメーカーも似たり寄ったり。A社が1つの機能を追加すれば、B社もC社もすぐにそれに追従して、結局同じような機能を搭載することになります。テレビだけでなく、デジカメもパソコンもみんな多機能だらけ。こういうところは、なんだかとても日本らしいですね。

ここでは、「シンプルに考える」ことの大切さを述べたいと思います。

ジュガールでは、目の前のことを極力シンプルにとらえようとします。難しく考えそうになったり、考えが隘路《あいろ》に入りそうになったりするのを意識的に排除し、できるだけ単純化しようとします。

それは、**「物事の核心をつかむ」**ことなのですが、じゃあ、どうやってつかめばいいのでしょうか？

物事の核心をつかむ「キーワード・マネジメント」

ここで、子供の頃の勉強を思い出してみましょう。

あなたは算数の図形問題をしていますが、なかなか解けなくて苦労しています。

しかし、ここで発想を変えてみるのです。

すなわち、**問題をもっとシンプルにとらえてみる**のです。

たとえば、**1本の補助線を引いてみる**と、どうでしょう。そのとたん、すべての謎が解けて問題が一気に解決するかもしれません。

このような体験をあなたは子供の頃に、おそらくしているはずです。

ジュガールもそれと同じなのです。

どんな問題にも、その問題を解くためにはポイントとなるキー（鍵）が存在します。

一見、複雑そうに見える問題も、「補助線というキー」を見つけ出すことができれば、とんとん拍子で解決に向かっていくものです。

しかし、その「補助線というキー」を見つけるまでが結構大変です。

このキーを見つけ出すためには、できるだけ問題をシンプルに考えていかなければなりません。

ジュガールでは、このように**「シンプルに考えて、目の前の問題を解くキーを見つけていく作業」**を「キーワード・マネジメント」と呼びます。

なかなか複雑系の迷路から抜け出せない人は、ぜひこの思考メソッドを活用して、シンプルな問題解決のキーワードを見つけていくようにしてください。

私は常々思うのですが、世界中のどの国においても、人々は生活やビジネスで目の前のことをより良くしていくような「補助線」を求めています。

スティーブ・ジョブズは生涯「シンク・シンプル」を貫きました。

やはりシンプル思考こそが、**人々に役立つ補助線を見つける**ことにつながるのを知っていたのでしょう。だからこそ、あのようにすばらしいイノベーションを次々に打ち出していくことができたのではないでしょうか？

これからは、たとえ複雑につくることができたとしても、あえてシンプルにつくるほうがいいのです。
ボタンだらけの機能満載のリモコンをつくるよりも、もっとシンプルに考えて、人々がどういう補助線を求めているのかを突き詰めていくほうがいいでしょう。

ジュガール・エッセンス

・複雑なものより、単純なもののほうが、普遍性がある。
・難しいことをできるだけ単純化してイメージする。
・シンプルに物事をとらえるための「補助線＝キー」を見つける。

「あきらめが悪い」が、現実を変える

人間の「ねばり強さ」は、買い物でわかる

あなたがインド旅行をしたとしましょう。

インドで買い物をする場合、売り子さんがあなたを日本人と知ると、通常の何倍もの値段で売りつけようとしてきます。

これは、とてもほめられたやり方ではありませんが、売り子さんも自分の生活のた

めに必死なのです。

そんなとき、あなたは高いと思いながらも、相手の言い値で購入したり、「言葉が通じないから」と購入をあきらめてしまっていませんか？

もしそうなら、これは、インド人の感性からはとても考えられません。

実は、インド人がインドで買い物をする場合でも、売り子さんから値段をふっかけられることはよくあります。しかし、インド人は、**自分が納得する値段になるまで、ねばり強く交渉を続ける**のです。

インド人は、「自分が手に入れたい」と思ったものは簡単にはあきらめませんし、高いと思ったら、必ずディスカウントの交渉をします。

インド人は、とてもあきらめが悪いのです。

たとえば、ポップコーンのお店に行列ができていて、そこに並んだとしましょう。1時間待って、やっと自分の番になる寸前でポップコーンが売り切れたとします。

インド人なら間違いなく、「明日来るから予約させてほしい」や「1時間待たされたんだから、次回使える割引クーポンがほしい」と交渉するでしょう。

日本人から見たら、**がめつい**とか**意地汚い**とか思われるかもしれませんが、これこそがインド人の精神であり、ジュガールなのです。

「プライド」より「目標実現」をスマートに優先する

インド人の辞書には、「何もせずにあきらめる」という言葉はありません。なぜなら、ジュガールがあきらめるという行為を認めていないからです。

もちろん、私もそうとうあきらめが悪い人間です。

東南アジアのホテルに泊まったある朝、私はむしょうにコーヒーが飲みたくて仕方がなくなりました。

ところが、ホテルの喫茶室に行ったところ、コーヒー豆を切らしていて紅茶しか出せないと言うのです。

そんなとき、きっと多くの日本人は「じゃあ、紅茶でいいよ」と言うでしょう。

でも、私はあきらめが悪いのです。

「どうしてもコーヒーを飲みたいので、コーヒーのパウチを持ってくるからお湯だけ用意してくれませんか？」

とお願いしたのです。

日本人が見ていたら、きっと**「そんな恥ずかしいことを」**と言うに違いありません。

日本人はプライドがとても高いですからね。

でも、私のようにあきらめずに交渉すれば、飲みたくて仕方がなかったコーヒーにありつくことができるのです。

もちろん、交渉して相手から断られれば、むやみに交渉を引き延ばすなんてことはしません。それは、相手に失礼ですし、時間の無駄にもなってしまいますからね。

印僑が世界を凌駕する、最大のマインドエッセンス

インド人はあきらめが悪く、それがジュガールであると説明しました。

なぜ、あきらめが悪いことがジュガールなのか？

あきらめてしまったら、その時点で終わってしまうからです。あきらめの先には何もありません。

今の日本人は本当にすぐあきらめてしまいます。それは、プライドが高いこともそうですし、自分を枠にはめすぎていることもそうです。

今までジュガールについて説明したことが、いろいろとリンクしてきましたね。

自分の枠を超えることもジュガール、やわらか頭で考えることもジュガール、そしてあきらめないこともジュガールなのです。

ジュガール思考をする人は、**どんなに可能性が低くても、見方や発想を変えて一発逆転の方法を考えます。**

「あきらめが悪い」ということは、**常に「最善の方法を模索している」**ことにもなるのです。

もし、その努力が実を結ばなかったとしても、その失敗を活かして次に活かそうとします。ここにもあきらめの悪さが出ていますよね。

インド人は決してあきらめないし、くじけない。今のインドや印僑の急速な発展の原動力は、このマインドエッセンスにあると言っても過言ではありません。

ジュガール式「あきらめない」の伝説的エピソード

インドの財閥リライアンス・インダストリーズの創始者である故ディルバイ・アンバニさんは、創業当時インドには珍しかったテキスタイルビジネスの最新機器をドイツからインドに導入しようとしました。

ところが、まともに輸入しようとすると、許認可制に引っかかってしまい、莫大な関税を払わなければなりませんでした。

それは、当時のディルバイさんの資本では、とても支払えないほどの額だったのです。

普通の人なら、ここであきらめてしまうでしょう。

しかし、彼はジュガールのあきらめない精神で考え抜きました。

そして、とんでもない方法を思いついたのです。

なんと、ディルバイさんは、機械をいったん分解してバラバラにすることで、機械にかかる高額な関税を免れることに成功したのです。

大きな機械ではなく、小さな部品にしてしまえば、かかる関税も格安で済むのです。

もちろん、いったん分解された部品は組み立てなおせば元どおり！

その後、彼がインドで巨万の富を得たことは言うまでもありません。

そして、この逸話は、今でもインドのビジネスマンの間で語り継がれ、ディルバイさんは「インドで最も有名なジュガリー」と称えられているのです。

1回きりの人生で、できるだけ後悔しないために

このように、決してあきらめずに目の前の問題を解決しようとすれば、おのずと道は開けるのです。

ここで挙げた例は、スケールの大きな話だったかもしれません。

しかし、**あきらめないことは、小さなことにもとても役立ちます。**

たとえば、交渉しただけで商品の値段が半額になったり、次回の割引券がもらえたり……。

こうした小さな幸せの積み重ねが、人生を良い方向へと導くこともあるのです。

また、**あきらめないことは、「後悔をしなくなる」という利点もあります。**

あのとき、「ああしておけば良かった」「こうしておけば良かった」という後悔は誰にでもあるものです。

今さらどうにもできないとわかっていても、後悔はいつまでもついてきます。

もし、その後悔をしなくなれば、どれだけ人生に余裕ができるでしょうか。

あきらめないことが、どんなにすばらしいかおわかりいただけましたか?

あきらめないことは、決してかっこ悪いことではないのです。

ジュガール・エッセンス

・インド人の辞書に「何もせずにあきらめる」という言葉はない。
・どんなに可能性が低くても、見方や発想を変えて一発逆転の方法を考える。
・あきらめないことで後悔しなくなり、人生に余裕ができる。

「自分を抑えつけない」が、相手への本当の愛である

「恥」の心が、人生のチャンスを消去する

日本人は、何に対しても簡単にあきらめてしまう傾向にあり、その原因はプライドの高さと自分を枠にはめすぎていることにあると説明しました。

実は、日本人のあきらめグセの原因は、もう1つあると私は考えています。

それは「恥」の心です。

かつて、アメリカの文化人類学者であるルース・ベネディクトさんは、日本の文化を「恥の文化」と表現しましたが、今でもそれは変わっていないように思います。

もちろん、私も日本人の思慮深さや奥ゆかしさ、慎ましさは、すばらしい美意識であると理解しています。こういった「抑制のきいた繊細さ」があるからこそ、茶の湯や生け花などの美しい文化が発展していったのだと思います。

ただ、**その美意識とあなたの人生は別**です。世の中は、どんどんグローバル化していき、自らを積極的にアピールする海外の企業に日本企業は苦戦していますよね。

やはりこれからは、必要とあらば、自分を前面に出して積極的にアピールできる人間になっていかなければなりません。

「私は海外に出る機会がないから関係がない」と思っていませんか？

海外に出るかどうかが問題ではないのです。

今、重要なのは、**アピールした者が勝つ時代**になっていることです。

いつまでも「恥ずかしい」という気持ちを抱えていたままでは、せっかく巡ってきたチャンスをふいにしてしまうかもしれません。

あなたがあなたのチャレンジを成功させるためには、主張すべきことは主張するというアピール精神が必要なのです。

そのために、ぜひ取り入れていただきたいのがジュガールです。

ジュガールは、恥などで自分を抑えつけることを認めず、どんどん自分を前面に押し出してアピールすることを求めます。無用な気遣いや遠慮によって、自分の行動をためらう必要はありません。自分を抑えつけるすべてのものから解放され、あなたの思いどおりの人生が歩めるようにチャレンジし続けるべきなのです。

VIP級の重要人物へのファーストアポイントで、メールするか？　電話するか？

もし、あなたがＶＩＰ級の重要人物と連絡を取りたいと思ったらどうしますか？

きっとあなたは、「いきなり電話しても迷惑になるから……」とまずはメールで用件を伝えるでしょう。そして、何日も返事がないことにイライラしながらも、「あまり何度もメールしてしまうのも良くない」と考えて待ち続けるのです。

これでは、いつになったらその相手とやりとりができるでしょうか？

ジュガールを使う人は、そんな悠長なことはしません。相手がどんな人物であろうと、**「まずは電話する」**という選択をします。

もし、面識のない相手と連絡が取りたいのであれば、電話することです。電話はメールの何十倍もスピーディーですから。

自分の声で話をすれば、文字でのコミュニケーションより、相手や自分の微妙なニュアンスも伝わりやすく、相手がどういう感情を抱いているかも段違いにわかりやすくなります。ジュガリーは、相手がどんな人物でも、ためらいなく電話をかけてしまいます。もちろん、私もそうします。

なぜ印僑は、質のいい人脈をつくれるのか？

こんなことを言うと、皆さんに笑われるのですが、実は私、インド人でありながら「カレーハウスCoCo壱番屋」のカレーの大ファンなのです。週に少なくても2、3回は食べているでしょうか。

ある日、「このカレーなら、インドに店を出しても人気になるだろうな」と思いつき、次の瞬間には携帯電話を取り出して、ＣｏＣｏ壱番屋の社長に電話をしていました。カレーの本場であるインドにＣｏＣｏ壱番屋を出店させるなんて、馬鹿げた考えのように思われるかもしれませんが、インドのカレーと日本のカレーは似て非なるものなのです。日本のカレーがインドで受け入れられる可能性は十分にあると思いました。何よりインド人である私が、これだけＣｏＣｏ壱番屋の虜《とりこ》になっているのですから。

私は電話でアポを取りつけてＣｏＣｏ壱番屋の社長と面会することに成功し、おかげさまで意気投合しました。もしかしたら、皆さんもすでにニュースで知っているかもしれませんが、ＣｏＣｏ壱番屋はインドに出店する方針を決めました。

ジュガールが、また新たな挑戦を導いてくれたのです。

それでも、「あなたに実績があったから、ＣｏＣｏ壱番屋の社長と面会することができたんだ」と思われるかもしれません。それはそうかもしれませんが、私が恥ずかしがって自分を抑えてしまっていたら、この挑戦はあったでしょうか？

別に電話で面会を断られたとしても、失うものは何もありません。

やるかやらないかを迷うのではなく、とりあえずやってみることを選ぶことです。

自分を抑えないようにする2つの注意点

自分を抑えることなく前に出るためには、以下の2つのことを理解しましょう。

まず、1つ目は、**「言い訳をしているうちは前進できない」**です。

あなたがVIP級の重要人物に電話ではなく、メールを選んだのは、本当に相手の迷惑を考えてのことでしょうか？

本当は、「断られたらどうしよう」「自分が否定されたらどうしよう」と不安にかられ、「相手の迷惑になる」という口実をつくり出していたはずです。

そうやって、言い訳をして不安を先延ばしにしていては、何も起こりません。現実は一向に変わりません。言い訳せずに、一番手っ取り早い方法を選びましょう。

そして、2つ目は、**「前に出ることは、嫌われる行為ではない」**です。

自分を積極的にアピールすることは、相手との関わり合いを大切にする行為であり、決して強引で失礼な態度ではありません。

詳しいことは、第3章のコミュニケーションや第4章の人間関係の項で解説しますが、ジュガールは、**より良い人間関係を構築するためのメソッド**でもあるのです。
遠慮などせずに、どんどん自分をアピールしていきましょう。

ジュガール・エッセンス

・「恥ずかしい」という気持ちはチャンスをふいにする原因に。
・やるかやらないかを迷うのではなく、とりあえずやってみる。
・自分がやらないための口実はつくらない。

セルフ・エフィカシーを大事に育てる

頭で考えても理解不能、体感して初めて理解できるメソッド

さて、ジュガールを理解するための7つのエッセンスもいよいよ最後となりました。ここまで6つのエッセンスをご覧いただいて、「そんなにうまくいくわけがない」と思っている人も少なくないかもしれません。でも、それは信じて実践していただく他ありません。

ジュガールは、**実践することでしか体感することはできない**からです。

頭で考えていても、理解することは不可能なのです。

私というジュガールを使って成功した人間がいるのですから、信じてみてください。

ジュガールを意識していると、それまでは「できない」と思っていた高いハードルも軽々越えられるようになってきます。

ビジネスでも人間関係でもそうですが、それまで「できない」と思っていたことができるようになると、**自信がついてきます。**そして、成功体験を重ねていくうちに、**どんどん自信が満ちあふれるようになってくる**のです。

これは私もそうだったのですが、ジュガールを使って自信がついてくると、どんな高いハードルを目の前にしたときでも、**「自分ならできる」**と思えるようになります。

私は、この「自分ならできる」という感覚を「セルフ・エフィカシー（自己効力感）」と呼んでいます。ジュガールを理解するための最後のエッセンス、セルフ・エフィカシーを得ることはとても大切なことです。

なぜなら、「自分ならできる」という感覚を持っていると、本当にどんなことでもできるようになってくるからです。

この感覚があるとないとでは、**チャレンジに対する成功率も全然違ってきます。**

ですから、ジュガールを上手に使えるようになるには、セルフ・エフィカシーを大事に育てていくことが大切なのです。

セルフ・エフィカシーを育てるポイント

セルフ・エフィカシーを育てると言っても、自分でどうこうしようとするのは決して簡単なことではありません。なぜなら、セルフ・エフィカシーは成功体験を続けることでしか育っていかないからです。

どれだけ、「セルフ・エフィカシーよ、大きくなれ」と念じても、それだけで成長することはありません。とにかく、**ジュガールを使って、小さなことでもかまわないので成功体験を重ねていってください。**すると、いつの間にか「自分ならできる」という感覚が自然と大きくなっていくのです。

もし、あなたが失敗をしてしまったとしても、落ち込む必要はありません。**失敗は成功の過程で必ず起こる**ことですから。

すぐに立ち上がって、次のチャレンジをしましょう。そして、再び成功体験を積み重ねていくのです。そして、だんだんジュガールが上手に使えるようになってくると、セルフ・エフィカシーは大木のように大きなものに成長し、自信は揺るがなくなります。

どんな不安材料があったとしても、びくともしません。

こうなってしまえば、もはや「ジュガールの達人」と言ってもいいでしょう。

あなたは自信に満ちあふれ、「自分にできないことはない」という恐れを知らない人間になっているはずです。いわゆる**「エブリシング・イズ・ポッシブル」**になるのです。

セルフ・エフィカシーを大きく育てることができると、無限の可能性を自在に引き出して、すべての不可能を可能にしていけるような確固たる自信が身につきます。

「セルフ・エフィカシー」が、引き寄せる

セルフ・エフィカシーを育てることは、自信がつくだけでなく、実はもう1つ利点

があります。それは、自然と身の回りのことがうまく回り出すようになることです。かねてから会いたいと思っていた人物を偶然人から紹介されたり、もっと事業を拡大しようと考えていたところにビッグプロジェクトが舞い込んできたり。

自分の意思とは別のところで幸運が巡ってくるようになり、いろいろなものが良い方向へと転がっていくのです。

私は、**「ジュガールには幸運を運んでくる側面があるのだ」**と思います。

こういう話をすると、宗教的だったり、霊的なとらえ方をされることがありますが、そうではありません。ジュガールを使ってセルフ・エフィカシーが育つと、自信に満ちあふれていくので、自然と「この人を紹介してあげたい」「何か仕事を依頼したい」というものが集まってくるのです。

世にある成功法則で、「一流になるためには、一流のものに多く触れろ」と言いますが、「自分にできないことはない」という恐れ知らずの人間になると、周囲の人間は、あなたと接点を持ちたくてたまらなくなってしまうのです。

こうして、いつの間にかまわりは人であふれ、歯車はより大きくなり、どんなものでも「エブリシング・イズ・ポッシブル」になるのです。

あらゆる壁を軽やかに超えるエネルギー

あなたもジュガールを会得すれば、「エブリシング・イズ・ポッシブル」という自信をつけることができ、仕事も、人間関係も、恋愛も、お金儲《もう》けも、自分の人生のすべてがすべてうまくいくスパイラルをつくることができます。そして、たとえ目の前を大きな壁で遮られようとも、その壁を軽やかに超えていくことができるようになります。

「超える」を英語で言えば、「ビヨンド」ですね。

ビヨンド・フレーム
ビヨンド・イマジネーション
ビヨンド・トラブル
ビヨンド・ユアセルフ
ビヨンド・インポッシブル

ジュガールを身につければ、あなたにビヨンドできない壁はありません。いろんな壁をビヨンドして、自分の可能性の扉を開いていきましょう。自分の中の未知の力を引き出していきましょう。

そして、自分の追い求めている成功を確実に手に入れていこうではありませんか。

ジュガール・エッセンス

・ジュガールを使うと「自分ならできる」と思えるようになる。
・セルフ・エフィカシーは、体験で積み上げていくことでしか育たない。
・セルフ・エフィカシーが育てば、自然と幸運が巡ってくるようになる。

第2章

ジュガールが、お金の不安を消して、お金を引き寄せる

シンプルに考えると、お金の不安は消える

他人と過去は変えられないが、自分と未来は変えられる

ネガティブな考えは、無駄に自分を苦しめることになります。

たとえば、ブルーマンデーと言われるように、「月曜からは学校や仕事に行かなければならない」と考えると憂鬱《ゆううつ》になってしまい、人によっては日曜の夕方頃から腹痛

を起こすなど体調を崩してしまう人もいるようです。日本ではこのような現象を「サザエさん症候群」とも呼ぶようですね。

サザエさん症候群になる人は、月曜が近づくにつれて体調を崩し、週の後半になると回復していく傾向にあるようです。

「仕事が憂鬱だ」という気持ちは、わからないではありませんが、せっかくの休みの日の最後を腹痛で終わらせてしまうのは、もったいないと思いませんか？

私はこんな悩みを抱えている人には、「週の中頃に楽しい予定を入れてください」とアドバイスしています。水曜にショッピングをするでもいいですし、楽しみにしていた番組の録画を観るのでもかまいません。

最も気持ちが沈みがちになる週の中頃にワクワクするような予定を入れるようにすると、自然と月曜のネガティブな気持ちが「水曜まで頑張れば」とポジティブなものに変わっていくのです。

精神科医のエリック・バーンは「他人と過去は変えられないが、自分と未来は変えられる」と言っています。

嫌いな仕事を変えるのは容易ではないかもしれませんが、**自分の行動を少し変える**

だけでも、簡単にネガティブをポジティブに変えることができます。

印僑は、「不安」について、いっさい考えない

日本人は、何事に対しても不安を感じすぎているように思います。

海外でビジネスを展開する印僑のお金持ちたちは、不安についてあまり考えることがありません。

私が「フォーブス」のシンガポール長者番付で40位以内に入る印僑の大富豪にお会いしたとき、こんな質問をしたことがあります。

「もし、あなたが事業に失敗したら、どうしますか？」

すると、彼は笑って答えました。

「そのときはインドに帰って畑でも耕すさ。それなら食べるには困らないだろ？」

これは決してジョークではありません。彼は、失敗をこれっぽっちも恐れてはおらず、**「たとえ失敗しても、どうにでもなる」**と考えているのです。

この話をすると、必ず「その人は畑を持っているかもしれないが、日本人の誰もが

畑を持っているわけではない」と言う人がいらっしゃいます。それはそのとおりですが、畑を持っていないことを不安に思う必要はありません。

重要なのは、失敗を恐れず、「いざとなればなんでもできる」という気持ちなのです。

日本には、仕事を紹介してくれる職業安定所やアルバイトを募集するフリーマガジンだってありますよね。私からすれば、インドよりも日本のほうがはるかに仕事に恵まれているように思えるのですが、日本には「もし失敗してしまったら」という不安に取り憑《つ》かれている人が多いように見受けられます。

何かに失敗したとしても、振り出しに戻ってアルバイトから始めてもいいじゃないですか？

物事を難しく考えて前に進めなくなるよりも、**シンプルに思考して、やりたいことにどんどんチャレンジする。**すると、あなたの前には成功への道が必ず見えてくるはずです。

松下幸之助とジュガールの共通点

先ほどの話の続きになりますが、私が見る限り、日本人は人一倍失敗を恐れているように感じます。失敗を恐れて不安ばかり抱いている人にお聞きしてみたいのですが、あなたの人生で、これまで一度も失敗はなかったのですか？

そんなことはあり得ませんよね。

赤ちゃんが何度も失敗してようやく歩けるようになるように、子供が何度も失敗してやっと自転車に乗れるように、人は、何度も失敗を繰り返して、その先で成功をつかむことができるのです。

日本の有名な成功者である松下幸之助さんも、

「失敗をしたところでやめてしまうから、失敗になる。成功するところまで続ければ、それは成功になる」

と言っています。

成功者は成功するまでやったから、成功者になれたのです。

ぜひわかっていただきたいのは、**「成功に失敗はつきもの」**ということです。

失敗とは、道に転がっている石のようなものと考えてください。

もし、あなたが石につまずいたとしても、歩き続ければ目的地に到着できるように、どれだけ失敗しても先に進み続ければ、自ずと成功は待っているのです。

失敗を恐れてはいけません。それは、成功への過程で必ず起こることなのですから。

「不安」を解消する3ステップ

やりたいことがあるのに、何となく不安で一歩が踏み出せない——。

そんな人の多くは、**結局、何も考えていないから不安**なのです。

あなたはやりたいことに対して本気で向き合っているでしょうか？　本当に真剣に考えているでしょうか？

自分の胸に手を当てて考えてみてください。本気だけど真剣に考えてはいなければ、**「WHAT」「WHY」「HOW」の3ステップ**で、簡単にその不安を打ち消してしまいましょう。

①WHAT

まずは、ＷＨＡＴです。自分が「何を」やりたいかを書き出してみましょう。「留学をしたい」でもいいですし、「脱サラして飲食店を始めたい」「小説を書いてみたい」でもかまいません。

やりたいことは人それぞれでしょうから、頭に浮かんだやってみたいことを挙げてみてください。

②WHY

次は、ＷＨＹです。自分がやりたいことを「なぜ」今できていないか、その理由を思いつく限り書いてみてください。

たとえば、「資金がない」や「時間がない」「協力者がいない」「周囲から反対されている」など、理由はたくさんあると思います。些細《ささい》なことでもかまわないので、いろいろな方向から考えて、できるだけ多くの「なぜ」を見つけてみましょう。

③HOW

そして、最後にHOWの出番です。やりたいことを挙げて、それが今できていない理由を考えたら、「どのようにすれば」それができるようになるか解決方法を模索してみてください。

たとえば、「資金がない」なら「アルバイトを増やす」とか、「時間がない」なら「仕事を替えてみる」など、必ず自分が実践できる範囲で解決方法を考えましょう。

このように、夢や目標を3ステップで考えてみると、案外やれそうな気持ちになってきたのではないでしょうか？

こんなにも簡単なことで、今まで一歩が踏み出せなかった自分を変えられそうに思えているはずです。

「失敗するリスク」より「やらないリスク」を回避する

人は、やりたいことがあるにもかかわらず、「失敗するかもしれない」という不安を感じると、いつの間にか「やらなくていい理由」や「やらない言い訳」をつくり出してしまいます。自ら不安の種を植えて、その場に踏みとどまってしまうのです。

これは、本当にもったいないことです。

行動しなければ、失敗するリスクがなくていいかもしれませんが、**行動しないということは、たった一度の人生をつまらないものにしてしまうリスクがある**とも考えられます。

楽天の三木谷浩史さんは、「現代社会において最大のリスクは、『人生を後悔すること』だと思う」と言っています。

さぁ、あなたの人生を楽しみましょう。

ジュガール・エッセンス

・週の中頃に楽しい予定を入れて、ブルーマンデーを乗り切る。
・成功は失敗の延長線上にあるもの。失敗を恐れずにチャレンジしよう。
・やりたいことがあるなら、今それをできていない理由を2W1Hで考える。

お金は、「友達」のように、大事なものである

お金に対する意識が、印僑と日本人は真逆

私は、仕事やセミナーなどで日本に滞在する機会が多いのですが、そこで日本人は印僑のお金持ちたちとまったく正反対の意識を持っていることに気づきました。

それは、「お金に対する意識」です。

多くの日本人に触れ、これは特に「お金がなかなか増えない」と漏らしているような人たちに共通するのですが、どうやら彼らはお金のことを「悪」だと思っているようなのです。

もしかしたら、「お金が嫌いな人なんているはずがない」と反論されるかもしれませんが、あなたも次のようなことを思ったことがないでしょうか？

◎お金の話ばかりする人のことを、強欲で意地汚いと思う。
◎お金持ちは、裏で悪いことをしているような気がする。

この２つの意見は、お金をたくさん持つことを「悪」としているのに他なりません。これは、お金に対するネガティブなとらえ方だと思いますし、とてもほめられたものではありませんね。

お金は、「資源」ではない

日本人の「もったいない」という考え方は、とてもすばらしいと思います。ノーベル平和賞を受賞したケニア人女性のワンガリ・マータイさんが「MOTTAINAI」を提唱したことで、今や世界中の人たちがこの考え方に感銘を受けています。

「必要以上に欲しがらず、今ある資源を有効に活用する」

実にすばらしいメッセージですが、**資源とお金を同列に考えるべきではない**のです。

お金は人間関係とどこか似ているところがあって、いくら友達がいても困らないように、お金もいくらあっても困りません。

また、「誰かを嫌いに思っていると、相手からも嫌われる」なんてよくあることですが、これもまたお金にも言えるのです。

つまり、**お金のことを「悪だ」と思っているようでは、いつまで経ってもお金は寄ってきてはくれない**ということです。

彼らの「お金がなかなか増えない」のも、当然のことと言えるでしょう。

ただ、逆に言えば、お金を好きになれば、自然とお金は集まってくるわけです。

お金を増やしたいと思うなら、まずはお金に対する考え方を変えなければなりません。お金はとても大事なものです。それは、友達と同じように大事なのです。

印僑の子供たちのマネー教育

日本人がお金を悪だと考えてしまう原因は、教育にあるのではないかと考えています。

あなたは小さい頃に、「お金がありすぎると、ろくな人間にならない」と親から教えられたことはないでしょうか？

私は、子供時代に植え付けられた固定観念によって、お金に対する意識が決まることが多いように思うのです。

印僑の子供たちは、お母さんに、お金に対して次のように言って聞かされています。

「ほら、あのお金持ちを見なさい。あの人は、投資をして財を成したのよ。すごいわね」

「あの人は、日本でビジネスをして成功したの。お前もああいうふうになりなさい」

もし、日本のお母さんがこんなことを言ったら、「強欲だ」とか「意地汚い」と言われかねませんよね。

しかし、実際に印僑の子供たちは、こう言って育てられているのです。

印僑の人間がお金をたくさん持つことを「良し」としているのには、インドの歴史に一因があると考えられます。

あまり知られていないことですが、1700年頃インドはGDP世界一を誇っていたのです。

しかし、その後、イギリスの植民地となると経済は衰退してしまい、貧しい国へと変わっていってしまいました。そんな歴史があるからこそ、インドの人たちはお金の大切さを身に染みて理解しているのです。

失ったからこそ、初めてそのありがたみに気づけたというわけですね。

そんな歴史的背景があって、印僑の人間はとにかくお金を大事にし、お金持ちに対して尊敬の念を抱きます。お金をたくさん稼ぐことを悪いことだとは、ちっとも思いません。

だからこそ、今や世界中で印僑の人たちが大活躍できているのです。

子供の頃に植え付けられた固定観念は、将来を左右します。ただ、それが間違っていると気づけたのなら、今からでも変えていくことは、十分可能です。

「お金をほしい」と思うのは、健全な欲求

お金に対する日本人と印僑との違いを見てきましたが、そもそも、お金は本当に悪いものなのでしょうか?

ある人は、「お金がなくても、愛さえあれば幸せ」と言います。しかし、日本人の離婚原因を見てみると、「生活費を入れない」や「浪費癖がある」など、お金にまつわるものが、上位にランクインしています。

ついでに言わせてもらえば、日本での自殺の動機の第2位は、「経済的理由」です。

私から言わせれば、**お金をたくさん持っていることが悪いことではなく、むしろ、お金がないことが悪い状況を生んでいる**ようにしか思えません。

お金を持っていることは、すばらしいことです。そして、より多くあればあるほど良いではありませんか。

お金があれば、美味しいものも食べられますし、ファッションを楽しむこともできますし、旅行にだって行けますし、今まで自分がやっていたことを人に任せるという

ように、時間を買うこともできます。悪いことは何もありません。

これだけ説明しても、「自分の欲望を満たすためだけに、お金を浪費するのか」と嫌悪感を示す人がいます。

これは、もはや「嫉妬《しっと》」と言ってもいいのではないでしょうか？

もしかしたら、日本人がお金を悪いものだと考えてしまう根源には、他人への嫉妬があるのかもしれません。

もちろん、**お金は、欲望を満たすためだけのものではありません。**

世界をより良くするための教育を受けるのにも、お金はいります。災害が起きたときに被災地を支援するためにも、もちろん多くのお金が不可欠です。何をするにしたって、お金がいらないことなんてないのです。

お金は、自分や世界を良い方向へ導いてくれる、とてもすばらしいものです。だからこそ、**お金をほしがるのは、恥ずかしいことでも悪いことでもないし、むしろ健全な欲求**なのです。あなたがお金をほしいと願う気持ちは何も間違っていません。

人を喜ばせているからこそ、お金は手に入る

日本人が「お金を悪だ」と思う理由の1つに「お金持ちは、裏で悪いことをしているような気がする」というものがありましたが、これは、間違った固定観念です。

もちろん、中には悪いことをしてお金を稼いでいる人もいるでしょうが、ほとんどのお金持ちたちは、人を喜ばせているからこそ、お金持ちになっているのです。

ビル・ゲイツさんは、Windowsを開発したことで、世界中の人たちの生活を快適にしましたし、アマンシオ・オルテガさんは、「ＺＡＲＡ」を創業して今なおファッションで多くの女性を熱狂させています。そして、こうした世界の大富豪の多くは、慈善活動にも力を注いでいることがほとんどです。

お金持ちたちは、多くの人に喜ばれることをしているからこそお金を儲けているのです。世のため、人のために価値のあることをしているからこそ、その対価を得ているとも言えます。

何度でも繰り返して言います。

お金をたくさん持つこと、たくさん稼ぐことは、悪いことではありません。むしろ、すばらしいことではありませんか？

ジュガール・エッセンス

・お金を「悪」だと思っていると、絶対にお金は寄ってこない。
・「お金がほしい」と思うのは、人間として健全な欲求である。
・お金持ちは、人を喜ばせているからこそ、その対価を得ている。

自分に合った方法で成功する

自分の中の神様を起こす

私の祖国インドには、おもしろいことわざがあります。

「God Inside Yourself.」（自分の中の神様を起こせ！）

これは、すべての人の内側に「神様」が存在していて、その存在に気づいて「起こす」ことができれば、誰でも人生がうまくいくようになるという意味です。

ここで言う「神様」とは、何のことを指していると思いますか？

私にとって、自分の中の神様が起きている人たちとは、**「心から好きで、自分がやりたいと思えることに打ち込んでいる人」**のことです。

世の中には、本当はコンピュータなんて全然好きじゃないのに、ブームだからといってコンピュータを使ってインターネットビジネスを始めようとする人や、特にペットが好きでもないのに、儲かるからという理由でブリーダーを始めようとする人がいます。

そういう人たちは、たいてい長続きしません。

また、**自分にとって嫌なことや興味が持てないことを「お金のため」に仕事にした場合、あなたがその仕事で成功する確率は、きわめて低くなります。**

なぜなら、その仕事が本当に好きだと思って打ち込んでいる人と競争することになれば、まずその人に勝つことはできないからです。

日本には、「水を得た魚」という言い方がありますよね。

ある仕事をしているときにはまったくやる気が起きなかったのに、自分の興味の持てる職場や好きになれる職種に就いたとたんにイキイキと仕事を始める――。

この「水を得た魚」という状態こそ、「自分の中の神様を起こした」状態なのです。

つまり、**「神様」とは、あなたが心の底から「好きだ」と思えることに打ち込んだときにだけ発揮される「パワー」**のことを表しているのです。

自分の中の神様を起こすことができれば、自然とアイデアが生まれ、迅速に行動に移せるようになり、考え方自体がポジティブになっていき、毎日が楽しくなることは間違いありません。

成功できないのは、「自分」のせいではなく「方法」のせい

しかし、そうは言っても、「自分の中の神様なんてどのように起こしたらいいかわからない」と、多くの方が途方に暮れているかもしれません。

ここでは、その秘訣をお教えしましょう。

まずは、自分が**「成功できない理由のとらえ方」を変える**ことが大切です。

もし、今のあなたが、「何をやってもうまくいかない」とか「失敗の連続で嫌にな

ってしまう」などと考えているのだとしたら、それは、何に原因があると思いますか？

そういう場合、世の中の多くの人は、「自分が悪い」と考えてしまう傾向にあります。

自分に才能がないから、自分の努力が足りなかったから、自分がこの仕事に向いていないから、自分に人としての魅力がないから……。

しかし、そんなふうに自分が成功できないのは、自分自身のせいであると考えてしまうと、第1章でご紹介した「セルフ・エフィカシー（自己効力感）」をどんどん下げてしまうことになり、その結果、あなたは、成功から遠ざかってしまうでしょう。

セルフ・エフィカシーを大切に育てながら**成功を目指すには、「自分」を責めるのではなく、「方法」を疑うことをおすすめ**します。

たとえば、薬が人によって「合う」「合わない」があるのと同じように、成功方法にも「合う」「合わない」は存在します。

ある薬があなたに合わなかったからといって、その薬を責めるような人はいませんよね。ですから、仮に今はうまくいかないことの連続であったとしても、あなた自身のことを責めるのはちょっと待ってください。

それは、**あなたが悪いのではなく、やり方が悪かっただけ**なのです。

その認識に立ち、セルフ・エフィカシーを下げずに試行錯誤を続けていきましょう。

自分の中の神様を起こす第一ステップ

それでは、自分の中の神様を起こすには、具体的にどんな方法が有効なのでしょうか？

ぜひ実践していただきたいのが、**「神様と対話する方法」**です。

やり方は簡単です。

まず、あなたが**「好きなこと」「やりたいこと」「できること」をそれぞれ3つ以上考えて書き出してみてください。**仕事とプライベートの両方を書くことがおすすめです。

その次に、それぞれの項目を明確化する作業に入ります。1つひとつの項目について、前に触れたように「2W1H」を書き出すのです。

2W1Hとは、

①「WHAT」……あなたが何をしたいのか？
②「WHY」……あなたは、なぜやるのか？
③「HOW」……具体的にはどうやるのか？

という3つです。

多くの人が夢や希望を持ちながら、それらを実現することができずにいますが、ほとんどの場合、そういう人たちは、夢や希望を妄想しているだけで「具体的にどうやるか」までは考えていません。

ところが、**「具体的にどうやるか」までを頭の中で明確化する**ことができれば、物事は自然に動き出し、たいていのことは実現できるようになるのです。

この神様と対話する方法を繰り返していくうちに、あなたの「向いていないこと」や「向いていること」「本当の強み」「気づかなかった弱み」などに気づくことができます。

もちろん、この作業に入るまでは「実現できる」と信じていたことが、実は自分に向いていないことだったと気づくこともあるでしょう。そうした気づきを得ることがとても大切なのです。

私の場合、最初に書いたときは、

「何をしたいか」＝「成功したい」

「なぜしたいか」＝「お金を稼ぎたいから」

「どうやるのか」＝「ビジネスを通してやる」

という至極単純な内容でした。

ところが、現在では、

「何をしたいか」＝「印僑の大富豪の教えを広め、自分もその教えを活用して20年以内に1兆円企業をつくる」

「なぜしたいか」＝「世界経済と地域社会に貢献したいから」

「どうやるのか」＝「世界レベルの経営者と付き合い、印僑大富豪の教えを研究・実践する」

というように進化してきました。

つまり、この作業を繰り返していくうちに、だんだんとあなたの中の神様が明確に見えてくるようになります。

そして、いつしかあなたの中の神様が目覚め、あなたは成功に近づくことになるのです。

ジュガール・エッセンス

・自分の中の神様を起こす＝心からやりたいと思えることに打ち込む。
・成功できないのは「自分」ではなく「方法」が合っていないからだと考える。
・自分の中の神様との対話を続けていくことで、やりたいことを明確化する。

ジュガール式「年代別お金との付き合い方」

子供時代の「お金の感覚」を書き換える

もし、あなたが本当に「お金持ちになりたい」「お金に困らない生活がしたい」と考えているのなら、お金との根本的な「付き合い方」を考え直さなければいけないかもしれません。

実は、**「お金との付き合い方」は、年代ごとに変わります。**

ここでは、それぞれの年代ごとに、お金に関して「どんなことをするべきか」について お話ししたいと思います。

まずは、**子供時代**です。

親は、子供に対して「お金の教育」を施すべきです。親の言葉の持つ影響力は絶大ですから、子供のお金の価値観も親のそれに応じて変わっていくものです。

たとえば、「お金持ちは全員悪い人たちだ」「お金を持つことは悪だ」という価値観を持っている親に育てられた子供は、かなり高い確率で「お金持ちになること」を心理的に避けるようになります。

逆に、幼い頃から**「お金の大切さ」**や**「お金それ自体は決して悪いものではない」**と教わってきた子供は、将来、お金持ちになる確率が高くなるのです。

かつて、インドの西側にあるグジャラート州に住む、一族で大成功を収めたビジネスマンにインタビューした際、彼は自分の幼い頃のことについてこう語っていました。

「僕が小さかったときは、朝食の席でいつもビジネスの話ばかりしていた。おばあちゃんも株や為替の話をしていたし、みんなが経済の話をしていたんだ。料理の良し悪しの話題なんて、いっさい出なかったよ」

子供の頃から経済やお金に関する話題に日常的に触れる環境で育つと、「お金に対する感覚」がどんどん鋭敏になっていくのです。

ここまで家族ぐるみで徹底できないにしても、日常の会話の中でさりげなく「お金=楽しいことをするのに必要なもの」という意識を刷り込んでいくことで、自然と子供の経済観念は育っていくものなのです。

子供の頃は、自らの意思でお金の勉強ができない分、親がその部分をケアしてあげる必要があります。

「もしかしたら、自分は、お金に対するネガティブな教育を受けてきたかもしれない」と思った人がいるかもしれません。

でも、安心してください。**今からでも十分刷り込みを変えていくことができます。**

この章に書いてある項目「お金は、『友達』のように、大事なものである」を何度でも読み返してみてください。読み返した分だけ、お金に対するネガティブな意識がポジティブに変わるはずです。

若い頃は、友達を選び、先輩から学び取る

さて、**10代**になったら、**「一緒にいて勉強になる人を友達に選ぶ」**ことが大切です。

その頃には交友範囲が広がり、同級生だけでなく、部活、アルバイト先、学習塾など、多岐にわたる場面でさまざまな人と出会うようになります。

知り合いになる人々は、まさに玉石混淆《ぎょくせきこんこう》。あなたにとって有益な存在になってくれる人もいれば、「知り合わないほうが良かった……」と後悔するような人もいます。

パナソニックの創業者・松下幸之助さんは、

「友を見れば、その人がわかる。人脈というのは、いわば偏差値であって、レベルの高い人のまわりには、それだけの人が集まる。そして、その欠点をカバーしてくれる仲間を持つ」

と語っています。

もし、将来、経済的にも精神的にもレベルの高い人になりたいのであれば、10代のうちから**「付き合う人を選ぶ」**ということを意識的に行なう必要があります。

20代になって就職したら、今度は**成功している先輩**たちから学びましょう。

営業成績が飛び抜けていい先輩がいたら、近づいていって「うまく売るコツ」を教えてもらい、出世街道を突き進んでいる上司を食事に誘って「出世のコツ」を教えてもらうようにするのです。

また、**「セミナー」に参加する**のもおすすめです。

スピーカー（講師）が何年もかけて習得してきた人生の知恵を数時間で学べる以上に、セミナーには大きな利点があります。それは、参加している経営者との「縁」が結べるということ。

経営者と知り合いになったことがきっかけで、営業成績がグングン伸びていった人を私は大勢知っています。「お金持ちと知り合いになる」と、お金が入ってくるものなのです。

「20代まで、そんなことをしてこなかった」と落胆している人も、**今からでも十分間に合います。これからの人生で一番若い「今」からやればいいだけ**です。それは、30代から死ぬまで同じで、スタートするには「今」が一番良いタイミングです。

30〜40代の「お金との付き合い方」で、未来は変わる

30代になり、結婚したり、子供ができたりして家族が増える頃になったら、家を買う人が増えてきます。

この年代では、**「ローン」について学ぶ**ことをおすすめします。

パートナーと相談しながら、長期的な財務プランを立て、将来設計をするのです。

セミナーに参加する場合は、「フィナンシャル系」がいいでしょう。30代のうちに資産運用の知識を身につけておくと、その知識があとあと生きてきます。そして、少額でもいいので、この頃から**「投資」を始める**ようにするといいでしょう。

40代は、子供が大きくなり、教育資金が必要になる時期ですので、**教育ローンや奨学金制度、学資保険など教育資金についての勉強**をするべきです。

もちろん、全財産を子供に費やすのではなく、近づいてきた自分たちの老後のことも視野に入れるようにしてください。

この時期は、出て行くお金が大きい分、心理的に思い切った投資が難しくなってきますが、そういうときだからこそ、私はあえて投資することをすすめます。

この年代でお金が減る一方では、あとあと苦しくなるだけです。

人生とお金の設計を修正する最大ポイント

50代になると、子供にお金がかからなくなり、いよいよ**自分たちの老後について熟考する**べきときがやってきます。体力や気力が十分ある50代のうちにじっくりと考えておくべきです。

若いうちに投資を成功させておけば、50代以降は、運用益だけで暮らすことができます。

しかし、そんな投資などしてこなかったという人も、がっかりすることはありません。

人生は何歳からでもやり直すことができますし、**お金をつくり始めるのに「遅すぎる」ということはない**のです。

ケンタッキーフライドチキンの創業者カーネル・サンダースは、60代のときに起業して大成功を収めました。彼のように、50代以降に投資や起業を始めて成功する人は意外に多く存在しているものなのです。

ただし、ここで何より大切なことは、本書で学んだことを**「必ず行動に移す」**ことです。

本を読んだだけでわかった気になるだけでは、やり直せるはずの人生も、そのままなし崩しに尻すぼみに終わってしまうでしょう。

ジュガール・エッセンス

・お金との付き合い方は、年代ごとに異なる。
・お金の大切さを知り、付き合う「友達」や「先輩」を選ぶ。
・お金をつくり始めるのに、遅すぎるということはない。

ジュガール式「お金の増やし方」
――投資、情報、人

「時間・労力とお金の交換」以上に効果的なお金の増やし方

では、お金を効率的にかつ確実に増やすためには、具体的にどうしたらいいのでしょうか？

ここでは、インド人の私から皆さんに、**お金を増やす上で気をつけなければならな**

い3つのポイントをご紹介したいと思います。

もし、あなたが真剣にお金を増やしたいと願っているなら、何としても次の3つのポイントを徹底的に理解し、それぞれの分野においてアドバンテージが得られるようにする必要があります。

その3つのポイントとは、**「投資」「情報」「人」**です。

まず、**投資**について。自分の持っているお金を増やして、お金持ちになりたいのであれば、投資は絶対に不可欠な行動であることを頭に叩き込んでおいてください。

あまりお金を稼げていない人は、自分の「時間」を使って、お金を増やそうとするものです。たとえば、残業をしたり、空いている時間にアルバイトをしたりすることによって、「時間とお金を交換」しようとするわけです。

しかし、このやり方では、生きていくためのお金を「稼ぐ」ことはできても、「増やす」ことは難しいのです。

なぜなら、お金に交換できる時間には限りがあるからです。

ですから、やはり**お金を増やすには、時間ではなく「お金」そのものを投資して、お金を増やすのが最も望ましい**わけです。

投資をする上で気をつけなければならないポイントは、次の3点です。

①投資についてよく勉強すること。
②複数の専門家やメンターのアドバイスを受けること。
③自分のよく知らないものに投資しないこと。

①と②については理解できると思いますが、**③が特に重要**です。

投資についてよく知らない状態で投資をしようとすると、どうしても「友達に言われるままに」とか「証券会社の人にすすめられて断り切れずに」といった状況になるものです。そんなときに、相手のすすめてきているものについて自分がよく知らないなら、要注意です。

その場合は、「少し考えてみます」などと返事をしておいて、その場で承諾するのはやめて、他の専門家などに相談するようにしてください。知らないものに投資して、すべてが台無しになることほど、愚かなことはありません。

質の高い情報を制する者が、お金を制する

2番目のポイントは**「情報」**です。効率的に、そして確実にお金を増やしたければ、どれだけ質の良い「情報」をつかめるかが明暗を分けます。

なぜ情報が、お金を生み出すきっかけになるのでしょうか?

たとえば、「Aさんの家の冷蔵庫が壊れている」という情報を知っている営業マンと、そういった情報をまったく知らない営業マンとでは、営業成績に歴然とした差が出るのは当たり前ですよね。

このように、**正確な情報をいち早く察知することは、お金に直結する**のです。

お金を増やすことのできる情報を知らない人が、むやみやたらに行動を起こそうとしても、単なる時間の浪費に終わってしまうことがほとんどです。

しかし、正しい情報をつかんだ人が、そこにピンポイントでお金と労力を注ぎ込めれば、賢くお金を増やすことができます。

つまり、情報とは、**「お金を生み出すツール」**だと言っても過言ではありません。

今や情報は巷《ちまた》にあふれかえっています。インターネットやテレビ、書籍からも膨大な情報を得ることができます。さながら、私たちは情報の海の中を泳いで暮らしていると言ってもいいでしょう。

そうした膨大な情報の中から「質の高い情報」を得るには、どうするのが一番いいでしょうか？

答えは**「人から聞く」**ことです。なぜなら、何かを実際に見たり聞いたり体験したりした人の情報が最も「精度」が高く、「鮮度」もいいからです。

お金持ちになりたければ、この人に聞く

3番目のポイントは**「人」**です。

2番目の「情報」のうち、「質の高い情報は、人からもたらされるものだ」というお話をしました。

なぜなら、人からの情報は、正確（精度が高い）で、早い（鮮度がいい）からです。

かつて私が会社に勤めて営業をしていた20代のとき、当時はスマートフォンも

Googleマップもありませんでした。私は地図を持っていなかったので、よく人に道を尋ねていたのですが、たいていの場合、通りすがりの人に道を尋ねても、すぐに正確な場所を教えてもらえることはありませんでした。

そこで、私はどうしたか？

お巡りさんに聞くようにしたのです。彼らはその地域の地理情報に精通しており、常に満足のいくまで親切に説明してくれました。このことは、私の仕事時間を大幅に短縮してくれ、効率アップにつながりました。そして、このことは、実際の道だけでなく、お金持ちになるための道にも言えることなのです。

もし、あなたが**お金持ちになるための情報が欲しければ、お金持ちに直接道を尋ねて、情報を得ることが最も望ましい**のです。

ジュガールには、「少ない力で多くのものを得る」という考え方があるのですが、まさに人から情報を得ることによって「少ない力で多くのものを得る」ことが実現できるのです。

とは言っても、「お金持ちなんて知り合いに1人もいないよ」と言う人も多いことでしょう。確かに、いきなりお金持ちとの人脈を築くのは難しいことです。

しかし、**「自分にとって無益な人と会うのをやめる」**のは簡単なことです。

まずは、そこから始めましょう。自分を成長させてくれない人や、自分のやる気をそいでくるような人と会わないという決断を下すのです。

そして、彼らと会う時間をだんだんと減らしていくことで、あなたの人生は確実に少しずつ有益なものになっていくでしょう。

ジュガール・エッセンス

・時間をお金に交換するのはやめて、「投資」の大切さに気づく。
・正確な情報をいち早くキャッチして、それをお金に変換する。
・自分にとって有益な影響を与えてくれる人との会う時間を増やす。

ジュガール式「お金の守り方」——消費チェック術

お金が貯まらない人の共通点

「働いても働いても、お金が貯まらない」という悩みを抱えている人は多いようです。

お金持ちになろうとするとき、たいていの人はお金を「いかに稼ぐか」にばかり目を向けがちですが、**今すでに稼いでいるお金を「いかに守るか」も同じくらい大切な**ことです。

なぜ、多くの人が「お金が貯まらない」と嘆いているのだと思いますか？

答えは、実にシンプルです。

そもそもの原因は、「収入よりもお金を使いすぎている」から。これに尽きます。

逆に、お金の貯まる人は、「収入よりもお金を使いすぎていない」のです。

つまり、貧乏人は稼いで消費をし、お金持ちは稼いで投資をしているのです。

ですから、お金のない人がお金持ちになりたいのであれば、お金の稼ぎ方を知ることも大事ですが、まずは稼いだお金を守る方法を覚えましょう。

そのためには、まず**「自分の消費を意識する」**ことが必要になります。

何も意識せずに消費し続けているのと、自分の消費を意識して消費を抑えるようにするのでは、結果に天と地ほどの差が生まれるのです。

1週間前に使ったお金を覚えているか？

あるお金持ちから、こんな話を聞いたことがあります。

「食事とお金は似ている。**多くの人は、今日食べたランチは覚えているが、1週間前

のランチは覚えていない。お金も同じで、今日1日で使ったお金は覚えていても、1週間前に使ったお金は覚えていない」

自分の消費を意識する大切さを教えてくれる例えですよね。

たとえば、ダイエットで成功するために、食事をコントロールして、無駄なカロリーや糖分の摂取は控えて、毎日自分の姿を鏡でチェックしたり、体重計に乗ったりした経験は、誰でもあるでしょう。

消費も食事と同じです。コントロールするためには、自分の消費を把握して、それを抑える行動が必要なのです。

【ジュガール式】消費を抑えるための「4つのステップ」

自分の消費を意識して、それをグッと抑えることが大切。とはいえ、具体的にはどうしたらいいのでしょうか?

私は、**消費を抑えていくプロセスを4つのステップで説明**しています。

これは、私自身が採用している方法であり、誰にでもすぐに実行できる方法ですので、あなたもぜひ実践してみてください。

①消費内容を把握する

自分が、何に、いくら使っているのか、自分の収入や支出はいくらなのかを、一覧にして明らかにするのです。

ほとんどの人は、この方法を実行せずに、ただ何となく漠然と支出を重ねているものです。

しかし、何にお金が消えていくのかをはっきり把握しなければ、ムダを削減することは絶対にできません。

②現状を分析する

収入と支出の詳細を把握したら、今度は、「何がムダなのか」「異常値がないかどうか」を調べるのです。

異常値とは、他の支出に比べて突出して高くなっている数値のこと。

たとえば、交際費が他に比べて異常に高くなっていれば、なぜそんなに高くなったのか、そこにムダはないか、減らすことはできないかを考えてみるのです。

③行動に移す

そして、何がムダなのかを突きとめたら、第3のステップ「行動に移す」を始めます。これは、実際にムダをなくしたり、減らしたりすることです。

④検証する

そして、行動が終わったら、第4のステップ「検証する」に入ります。

自分が行動に移したことによって、本当にムダがなくなったのか、自分のお金がどれだけ守られたのかをよく調べるのです。

この4つのステップを、**最低でも3カ月は繰り返して**ください。

それだけ繰り返すことができれば、ムダがなくなることは間違いありません。

この「把握」「分析」「行動」「検証」は、会社では多くの人がやっていることですが、自分のお金のこととなると、めんどくさく感じて、やらない人がほとんどです。

とてもシンプルな方法ですが、効果は絶大。自分のお金を守るためにぜひ始めてみてください。

「消費チェックシート」でムダを削減する

さて、自分の消費を抑える4つのステップのうち、最も難しいのが、最初のステップ「消費内容を把握する」です。

私は、そのための一番良い方法として「消費チェックシート」をつけることをおすすめしています。

これは、従来の家計簿と本質的には同じものですが、何のために行なうのかを明確にするため、私は**「消費チェックシート」**と呼んでいます。

「家計簿をつけたことはあるけれど、まったく続かなかった……」と言う人も多いかもしれません。

実際のところ、続けていくのはかなりの根気がいりますが、まずは長く続けなくても問題ありません。

とりあえずは、「3カ月だけチェックシートをつけてみる」と決めて始めてみてください。初めに期間を短く限定することで、心理的に始めやすくなります。

また、やり方も、決まったものはありません。

昔ながらの出納帳を使う必要はありませんので、スマホのアプリを使うのも良し、リビングに大きな模造紙を貼ってそこにレシートを項目ごとに分類して貼っていくのも良し。自分に合ったやり方で消費チェックシートをつくればいいのです。

とにかく、**まずは「やってみる」**ことが大切です。

やれば必ず何かに気づき、自分の支出にある問題点を把握することができるのです。

「消費チェックシート」の効果を最大化する方法

なお、消費チェックシートの効果を最大限に引き出したい場合は、以下の4点に気をつけてください。

①固定費と変動費を分けて考える。

②クレジットカードの支払い内容を把握する。
③月ごとに各項目の比較をする。
④チャート化してよく見る場所に貼る。

①の固定費と変動費を分けて考えるのは、変動費の中のムダが最も見つけやすいからです。

家賃や光熱費、通信費など毎月必ず支出しなければならないお金を**「固定費」**と言いますが、**これを減らすのはかなり難しい**のです。

それよりも、食事代や洋服代、交際費など月によってバラツキのある**「変動費」**を**減らすほうが簡単**にできます。

ただし、固定費は、毎月決まった額が出ていくものですので、減らすことに成功すれば、かなりの効果が見込めます。時間をかけてじっくり見直してみることも必要です。

また、②のクレジットカードの支払い内容を把握するのも大切です。できるなら、カードを使わないほうが、お金は貯めやすくなります。

なぜなら、カードは「お金を使っている実感が薄い」ため、つい浪費してしまいがちなものだからです。

そして、③と④を行なうことで、あなたの支出の全体像を把握することができ、あなたの中にコスト（＝費用、支払ったお金全般）意識が芽生え、気が引き締まることによって、日常的にムダ遣いを抑えることができるようになります。

ジュガール・エッセンス

・収入よりもお金を使いすぎるから、お金が貯まらないことを知る。
・自分の消費を抑えるための「4つのステップ」を実践する。
・消費チェックシートを「3カ月間」だけでいいので、続けてみる。

第3章

人をどんどん引き寄せるジュガール式「コミュニケーション」術

できるだけストレートに、シンプルに話す

「会話スキル」がある人ほど、陥りやすい落とし穴

ビジネスシーンにおいて、人とのコミュニケーションをどう図ればいいのかという悩みを抱えている人は多いでしょう。中には、人とどう話せばいいのかを悩みすぎるあまりに無口になってしまったり、当たり障りのない遠回しな言い方に終始して、相手を苛《いら》つかせてしまったりしている人も少なくないはずです。

ここでは、人とどう話せば信頼してもらえて、ビジネスを円滑に運ぶことができるのかについてお話しします。

まず、人と話をするときの基本は、「ストレート」です。

つまり、何でも素直に、真っ直ぐに話すことが基本です。そして、できれば、話の内容が「シンプル」だったら、なおいいでしょう。

そう聞いて、「えっ！」と驚かれる人も多いかもしれません。私に言わせれば、多くの人は、コミュニケーションを難しくとらえすぎています。

特にビジネスシーンにおける会話では、さまざまな会話の技術を用いるのが当たり前と思っている人が大勢います。言うなれば、「策を弄《ろう》する」ような話し方です。

しかし、そうしたテクニカルな会話をごく自然に行なえる人は少数で、ほとんどの場合は、相手に見透かされています。そして、**策を弄すれば弄するほど、気づかないうちに「信頼」を失っている**……なんてこともあり得ます。

ストレートに、シンプルに話すことが、どれだけ相手の信頼を勝ち取る力を持っているかを知っておいてください。

わからないことは、ストレートに「聞く」

たとえば、ビジネスシーンで誰かに会うときは、相手のことをある程度事前にリサーチしておくのは基本ですが、中には、どれだけ調べても正確な情報が得られないケースもあります。

そのまま、事前情報なしに相手と会わなければならなくなったとき、あなたはどうしますか？　相手のことをある程度知っているフリをしますか？

私は、それはおすすめしません。そんなとき、私はその場で相手に素直に聞いていきます。

「その人がどんなことをやっているのか？」「何が好きなのか？」「どんなゴールを目指しているのか？」「この人の願望は何か？」といったことを中心に、**素朴な質問をどんどんぶつけていく**のです。

その話の中で、相手が他のテーマに比べて長く話している話題がふと出てきたら、そこを深く掘り下げていくようにします。それは、ほぼ間違いなく、相手が深い関心

ジョージ・ソロス、ウォーレン・バフェットとともに
世界三大投資家と呼ばれる
ジム・ロジャーズ
サチン・チョードリー
ジム・ロジャーズのインタビュー動画を
期間限定無料プレゼント!
10年間で3365%のリターンを得た伝説の投資家が語る
2017年以降の世界経済、そして、投資で勝ち
資産を築き、お金持ちになる方法とは?
今すぐアクセスしてください
http://frstp.jp/jim
無料プレゼントは予告なく公開を終了する場合がございます。
あらかじめご了承くださいませ。

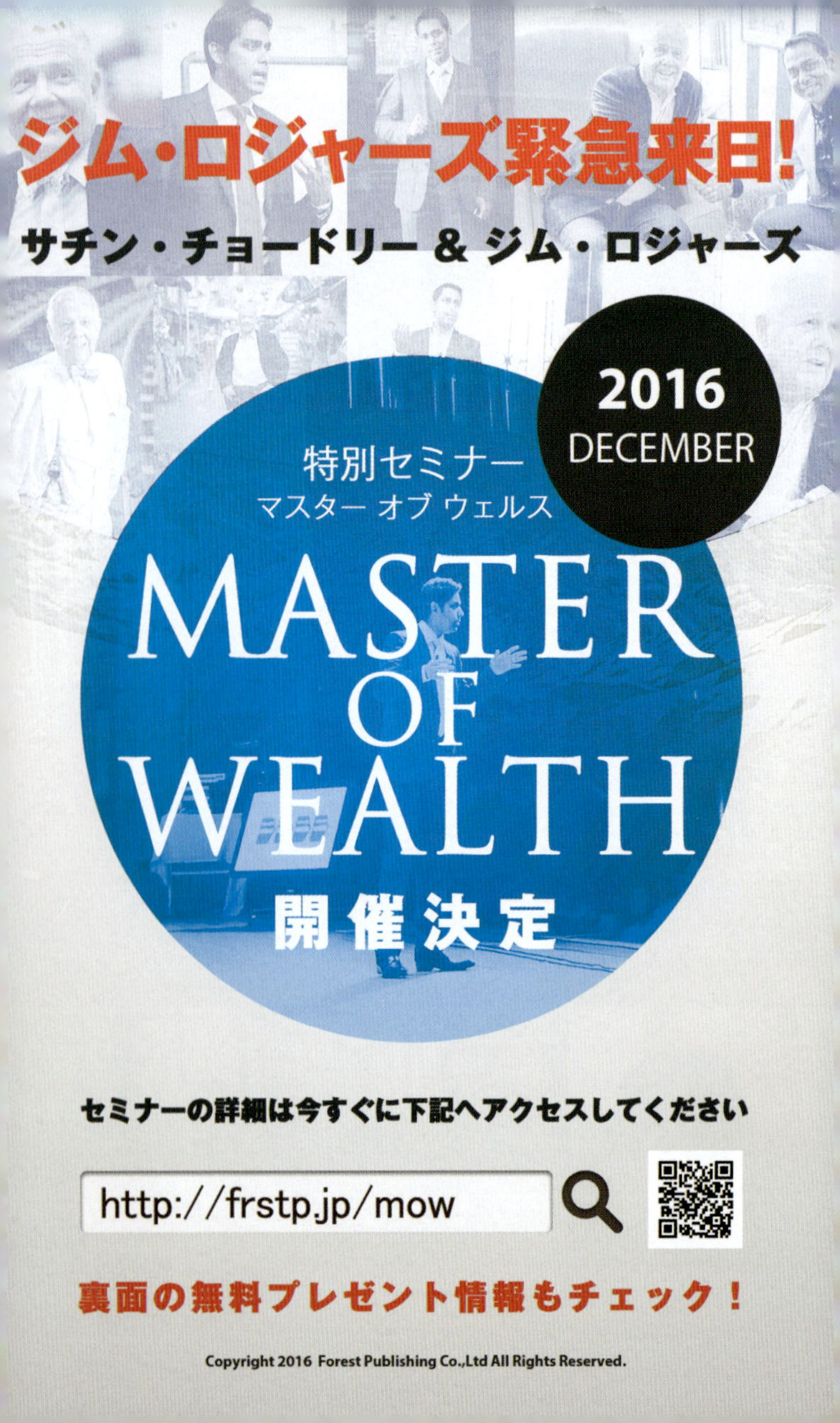
ジム・ロジャーズ緊急来日!
サチン・チョードリー & ジム・ロジャーズ
2016
DECEMBER
特別セミナー
マスター オブ ウェルス
MASTER
OF
WEALTH
開催決定
セミナーの詳細は今すぐに下記へアクセスしてください
http://frstp.jp/mow
裏面の無料プレゼント情報もチェック!
Copyright 2016 Forest Publishing Co.,Ltd All Rights Reserved.

を抱いている話題ですから、相手も気持ち良くなってくるでしょう。

ストレートに質問しなければわからないことは、私たちが考えている以上に多いものです。「こんなことを聞いたら、気を悪くするのでは」「こんなに相手のことを知らないと思われたら、まずいかも」などと躊躇《ちゅうちょ》しているよりも、**あなたが相手に関心を抱いているのだということをストレートに質問する**ことによって伝えるのです。

「言う」リスクより「言わない」リスクを回避する

また、相手を思いやるあまり、言うべきことを口に出せないというシチュエーションもよくあります。特に、インド人の私から見ると、日本人は「言う」よりも「言わない」ほうを選んでしまう傾向が強いようです。

しかし、言うべきこと、大切なことも、やはりストレートに話すほうが、結果的にはうまくいくものです。

たとえば、会話が進んで行く中で、相手が話に夢中になって脱線したり、目的としているゴールとは別の方向に進んでいってしまったりすることがあります。

「そろそろ話題を変えないと、本題に入れない。入れたとしても時間が足りなくなってしまう」と焦っているのに、口をついて出るのは相づちばかり。そういうときは、ジュガールでは、ストレートに**「話を元に戻しますが」**と言います。

「話を元に戻したら、夢中になっている相手に悪いのでは」と思って躊躇する人が多いかもしれませんが、実際のところ、**「先ほどの話なんですが」と言ったところで、それほど気を悪くする人はいません。**

また、会話の合間には、たまに「シーン」とお互い息をひそめるような静寂が訪れることがあります。そのタイミングで本題に入るのは効果的ですので、おすすめしたいところです。

印僑は、商談ではない雑談においても、この瞬間を意識して話題をコントロールしています。

人の助けを借りて、人間関係を深くする秘策

わからないことをストレートに聞いたり、言うべきことをストレートに言ったりするだけでなく、ストレートに「人に助けを求める」ことも大切です。

日本人には「何でも自分でやろう」「すべてのことを自分でできなければいけない」と考えている人が多いように思います。まるで、できなければ、自分の評価が下がってしまうのではないかと戦々恐々としているようです。

そういう人ほど、**困ってしまうような事態が発生したとき、「自分だけでそれを解決しなければ」と自分を追い詰める**傾向にあるような気がします。そして、事態を悪化させてしまう人を、私は何人も見てきました。

そんなときも、やはり「ストレートに聞く」「人の助けを借りる」のがいいのです。

人の手を借りたいけれど、相手に時間を取らせて迷惑をかけたくない、相手はたぶん忙しいだろうなどと気を遣ってしまう人の気持ちはよくわかります。

ですが、その場合は、ポイントを絞って問題を相手に伝えればいいのです。

問題を相手に丸投げするのではなく、いくつかの解決策を自分で考えておいて「私はこう思っていますが、この中でどれが一番いいと思いますか」と質問をするのです。

そうすれば、仮に相手が本当に忙しかったとしても、むげにはできないでしょう。

「自分だったらこうするかな」と回答してくれるでしょう。

また、丸投げにはせずに、ポイントを絞ったことで、自分がその人にただ寄りかかっているわけではなく、**「判断能力を信頼している」からこそ頼っている**というリスペクトの気持ちを暗に伝えることができます。それなら、質問されたほうも、悪い気はしません。

人の助けを借りるということも、人間関係を円滑にするための大事なコミュニケーションスキルなのです。

ジュガール・エッセンス

・ストレートに聞いたり、話したりできないと、信頼を失う可能性がある。
・わからないことはストレートに質問し、深く掘り下げていく。
・相手に丸投げにせず、上手に助けを借りることで人間関係を円滑にする。

半分以上は、「相手のメリット」を伝える

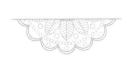

ロベタがコミュニケーションを武器にする方法

現代では、高い会話力やコミュニケーションスキルを持っていることは、かなりのアドバンテージを握っていることを意味します。

その能力さえあれば、一生食うに困らないし、お金にも困らないと言っても過言ではないほどです。

もし、あなたが高いコミュニケーションスキルの持ち主であれば、さほどいい大学を出ていなかったとしても、自分よりもいい大学を出ている人や、博士号や資格を持っている人、ひいては会社のトップに立っている人などにも教えることができます。

つまり、コミュニケーションスキルは、「肩書き」や「学歴」をも超えて人々に必要とされているスキルなのです。

また、コミュニケーションスキルは社会人として遭遇するさまざまなシチュエーションにおいて求められる能力です。これがあれば、どこに行っても戦うことができる、きわめて実用的な武器であると言えます。

とはいえ、コミュニケーションスキルの本質をわきまえている人は、あまり多くありません。中には、**口先だけで人を騙《だま》すような話し方のことをコミュニケーションスキルだととらえている人**もいますし、または、**とにかく快活にまくし立てるように話すことがコミュニケーションだと考えている人**もいます。

しかし、コミュニケーションとは、もっと**「インタラクティブ（相互作用的）」なもの**なのです。

また、コミュニケーションスキルは「天性」のものなのではないかと考えている人もいます。コミュニケーションスキルは決してそんなものではありません。誰もが努力すれば手に入れられる能力なのです。

ここでは、口ベタでもコミュニケーションを制するための秘訣の1つをご紹介します。

プレゼンが全然うまくなかった印僑がやったこと

さて、かくいう私もずっと前からコミュニケーションスキルが高かったわけではありません。

約10年前の私は、コミュニケーションにおいて人への遠慮があり、恥ずかしさも感じていたため、自信を持ってコミュニケーションに臨むことができませんでした。

双方向的なコミュニケーションが苦手でも、プレゼンテーションはうまかったのでは？　と思うかもしれません。

しかし、プレゼンもあまりうまくなかったのです。

アメリカに渡って、ベンチャーキャピタリストたちを前にして初めてプレゼンテーションをしたときも、結果はさんざんなもので、交渉はうまくいきませんでした。

当時の自分がなぜうまくいかなかったのか、今振り返るとよくわかります。

当時の私は、**「一方的に自分の良さばかりアピールしていた」**のです。

いろいろな人に出会ってプレゼンテーションを重ねていくうちに、なかなかうまくならない自分に焦りを感じ始めました。

あるとき、私はベンチャーキャピタリストの仕事の経験のある印僑に、「どう話をすればいいのか」を教えてもらおうと、話を聞きに行ったのです。

そこで、教わったことは、私のコミュニケーション法を根底から変えてくれました。

彼は私に、印僑に脈々と伝わる**「相手に興味を持たせるための話し方のテクニック」**があることを教えてくれたのです。

短く、簡潔に、相手のメリットを伝える

彼はまず、それまでベンチャーキャピタリストを前にして40分くらい話していた私に、**「10分だけ話す」**ということを教えてくれました。40分では長すぎて、自然と話

の内容が散漫になり、聞いている人も要点がつかみにくくなります。

しかし、10分だけ話すんだと最初から決めてしまえば、前もって要点をギュッと凝縮させておけるため、それだけ短時間に相手の心をつかみやすくなるというわけです。

その上で、彼は**「自分の長所ばかりアピールするような話をやめる」**ようにアドバイスしてくれました。その代わり、**「相手のメリットになることを話す」**ようにしたほうがいい、と。

これには、目からウロコが落ちました。

人間、誰しも「自分」に興味があるものです。いくら投資対象とはいえ、相手の長所やセールスポイントばかりまくしたてられても、なかなか興味を持てません。

ですが、**「自分にとってメリットになる」**ことなら、**自然と耳を傾けるようになります。**それが人間の性というものです。

さらに彼は、10分のうちの半分である**5分間を「相手にとってメリットになる」ことに割く**ようにするようアドバイスしてくれました。そして、次になぜそれがその人にとってのメリットになるのかを論理的に説明した上で、**「○年後、△年後、□年後にはこうなります」と具体的な期日を示す**ようにしなさい、と教えてくれたのです。

彼から教わったこのアドバイスを忠実に実践した結果、私の営業成績はグンと上がりました。

この相手の立場に立って話すというやり方は、まさに私のコミュニケーションスキルにとってのブレイクスルーとなったのです。

コミュニケーションスキルを実用的な武器にしたいのでしたら、ぜひ、短く、簡潔に、相手のメリットを伝えるこの手法を習得してください。

ジュガール・エッセンス

・できるだけ短い時間を設定して話すことで、要点を凝縮させる。
・「相手にとってのメリット」は何かをはっきりと伝える。
・「○年後にはこうなります」と具体的な未来の期日を示すようにする。

「謝りグセ」を排除する

謝る代わりにコレを述べる

インド人の私から見て、多くの日本人はあらゆる場面ですぐに謝りすぎているように見えます。

それはまるで、小さい頃からの「謝りグセ」が染みついてしまっているかのようで、特に深く考えずに条件反射で謝っている人も大勢いるようです。

これは、日本では、子供の頃から「自分が悪いと思ったら、すぐに謝りなさい」と言われて教育されるからなのでしょう。

テレビドラマを観ていても登場人物がすぐに「あっ、ごめんなさい」と謝ったり、企業が不祥事を起こしたときも経営陣がずらりと並んで「申し訳ございませんでした」と一斉に頭を下げたりしています。

そういった光景を見ると、日本人はつくづく「すぐに謝る人々」なのだなと感じます。

それは、日本人特有の「謙遜《けんそん》文化」なのだと言われればそれまでですが、やはりインド人の私からすると、どうしても違和感が拭《ぬぐ》いきれません。

海外では、すぐに謝ることはしません。

謝る代わりに何をするかというと、「理由を述べる」のです。

会議に遅刻してしまった場合、日本では理由はどうあれ、まず「ごめんなさい」と謝罪から入りますが、海外の人間は「道が混んでいたから遅れました」と理由が先に口をついて出てきます。

受け身の態度がコミュニケーションスキルを低下させる

私は何も、この海外の人々の態度を全肯定しているわけではありません。謝る前に理由を述べることは、ともすれば「言い訳をしている」とも受け取られるからです。自分のミスを素直に認めて謝ることも、人間としては必要なことであるのは間違いありません。

ところが、**海外では、すぐに謝ってしまうと、本当は自分にはそれほどの非があるわけではないのに、相手からつけ込まれてしまう**ことがあるのです。

つまり、このことからわかるのは、

◎日本人は受け身の態度によって自分を守ろうとする。
◎外国人は攻めの態度によって自分を守ろうとする。

ということです。

もちろん、日本でのビジネスシーンにおいては、どうしても謝らなければ自分の評判を下げてしまうというシチュエーションは多いと思いますので、「謝らないこと」が絶対に善であるとは言いません。

私が問題視しているのは、**あらゆる場面で状況をろくに見極めもせずに、条件反射的に謝ってしまう「受け身の態度」**なのです。

こうした受け身の態度は、あなたのコミュニケーションスキルをどんどん低下させていきます。

ディベートにおいても、通常の会話においても、そうした受け身の態度でいると、「間違って恥をかく」ことから自分を守ろうとして何も言わずに黙っていることや、ストレートに話をすることができなくなっていくからです。

国際的なビジネスシーンにおいては、**「何も言わない」ことはイコール「負け」あるいは「何も話さないのなら、その場にいる意味がない」と思われてしまいます。**

だから、そういう場にいる人々は、とにかく何か言おうと心がけているのです。

その場に日本人が10人、インド人が2人いるとしたら、しゃべっているのは2人のインド人であることがほとんどです。

他人への遠慮は、状況によって使い分ける

日本人は、「控えめである」ことが「良いこと」なのだというふうに育てられているためでしょう。こういう光景は、日常的に頻繁に見かけます。

もちろん、控えめであることや、他人への遠慮にも良いところがあるのはわかります。

しかし、そのような態度でいては、国際的な舞台で結果を出すのはかなり厳しいでしょう。

日本人の「謝りグセ」の根底には、子供時代からしつけられてきた他人への「遠慮」があり、その遠慮がビジネスシーンにおいては自分の足を引っ張る欠点になりうるものであることはおわかりいただけたのではないでしょうか？

そこで、私は**「遠慮」をTPOによって使い分ける**ことをおすすめしています。

使い分けるといっても、それほど難しいことではありません。

会話が上手な人は、だいたいにおいて、以下のように使い分けています。

◎プライベート……遠慮の文化を重んじる。
◎ビジネス……いっさいの遠慮を捨てて、積極的になる。

他人への遠慮をすべて捨ててしまったら、社会は大変なことになります。電車でお年寄りや妊婦さんに席を譲る人はいなくなるでしょうし、パーティーに行けば1人で食べ物を独占してしまう子供に誰も注意しようとしなくなるかもしれません。

ですから、「プライベート」においては、他人への遠慮は絶対に必要なものなのです。

しかし、ビジネスにおいては、**遠慮が「ビジネスチャンス」を逃してしまう**ことがよくあるのです。

スティーブ・ジョブズが遠慮していたら、iPhoneやiTunesはあれだけの大ヒットを飛ばすことができたでしょうか？　ビル・ゲイツが遠慮していたら、Windowsが世界を席巻することはなかったでしょう。
遠慮が染みついてしまっている日本人は、このあたりのことを混同しないように心がけ、今自分が置かれている状況は遠慮を求められているのか、それとも捨てたほうがいいのかを見極めつつ、行動するようにしてみてください。

ジュガール・エッセンス

・日本人に染みついている「謝りグセ」のデメリットを認識する。
・受け身の態度は、コミュニケーションスキルを低下させる。
・他人への遠慮を、プライベートとビジネスで適切に使い分ける。

「ジェスチャー」で、場の空気を支配する

「非言語コミュニケーション」が8割

日本人が話している姿と、外国人が話している姿を見比べると、外国人は頻繁にジェスチャー（身振り手振り）を交えて話しているのに対し、日本人はほとんどの人がたまにしかジェスチャーを使わずにいることに気づくでしょう。

人と円滑にコミュニケーションを図るためには、さまざまな要因が必要になります

が、とりわけ**ジェスチャーの占める役割は重要**です。

実は、私たちが伝えたいと思っている情報の半分以上、場合によっては**8割以上が、ジェスチャーによって伝わる**のです。ジェスチャーには、私たちが口にする言葉よりも、プレゼンターの気持ちを雄弁に伝えてくれるパワーがあります。

言葉以外のジェスチャー、表情、見た目、声などによるコミュニケーションを**「非言語コミュニケーション」**と呼び、視覚に訴えるものや聴覚に訴えるものなど、実にさまざまな種類があります。

たとえば、**「笑顔」**や**「うなずき」**などの非言語コミュニケーションは、相手に「安心感」を与え、話しやすい雰囲気をつくることで、信頼関係を築くのを助けてくれますし、**手や腕を用いたジェスチャー**は、話している内容に「メリハリ」をつけてくれるとともに「楽しい雰囲気」を演出してもくれます。

もし、あなたがコミュニケーションを制したいのであれば、非言語コミュニケーションを習得することは、避けては通れない重要な要素です。

そして、数ある非言語コミュニケーションの中でも、ジェスチャーは、特に日本人にとって馴染《なじ》みの薄いものですので、意識的に習得するよう心がけるべきです。

自分のオーラを変える方法

私は、セミナーでもジェスチャーを多用しています。ジェスチャーと言えば、多くの人が**「手を動かす」**ことをイメージすると思いますが、それだけでなく**「立ったり」「座ったり」「動いたり」**することもジェスチャーに含んでいます。

アメリカの有名なスピーカーたちは、そうした激しい動きを伴ったジェスチャーによって、どんどん聴衆の気持ちを盛り上げて、巻き込んでいくのです。

たとえば、iPhoneを発表したときのスティーブ・ジョブズのプレゼンテーションをインターネットで検索してみてください。彼は、壇上をゆっくり歩き回りつつ、上半身（特に両手）を動かすジェスチャーをしながら、自分の話している内容をすべての聴衆が理解できるように、ゆっくり、そして力強く話しています。

また、著書『一瞬で自分を変える法』で有名な自己啓発作家アンソニー・ロビンズも、TED Talkにおけるプレゼンテーションで、舞台の上を所狭しと動き回り、腕を常に大きく動かしながら熱っぽく聴衆に語りかけていました。

彼ら偉大なスピーカーたちは、みなジェスチャーを多用することで、人々の心をがっちりとつかんでいるのです。

そして、そうしたすばらしいジェスチャーは、**自分にいい「オーラ」をまとわせてもくれます。**

人の話を聞いていて、何となく「この人には人を惹《ひ》きつける良い雰囲気があるな」と感じるときがあるでしょう。その良い雰囲気こそが、私の言う「オーラ」なのです。

ジェスチャーによってオーラを演出できれば、その場の雰囲気全体が良くなり、人々の注目はおのずとあなたに集まるようになります。

天性ではなく、練習で習得できる技術

こうしたジェスチャーは、日本人には非常に馴染みの薄いもので、日常的にジェスチャーを使って話している人に出会う確率はさほど高くありません。

しかし、2020年のオリンピック開催地候補都市のプレゼンテーションでは、日本のプレゼンターもジェスチャーをたくさん使っていたことは記憶に新しいと思いま

す。やはり、**国際的な舞台では、ジェスチャーは必須の技術**なのです。

パラリンピックの選手である佐藤真海さんは、東日本大震災で被災した経験をジェスチャーを交えて涙ながらに語り、感動を呼びました。

また、安倍首相や、当時の都知事・猪瀬直樹さんも、ふだんの話し方に比べてかなり多くのジェスチャーを用いて話していたように記憶しています。

とりわけ、私たちの記憶に強く残っているのが、滝川クリステルさんのプレゼンでしょう。

彼女は、ただ言葉だけでなく、左手を顔の右前に持っていき、指で柔らかな動きを見せながら「お・も・て・な・し」と語りました。その後の合掌とお辞儀と合わせ、彼女のジェスチャーは日本という国を十分にアピールするすばらしいものでした。もし、あれが言葉だけのアピールだったら、人々に与える印象はずっと弱かったはずであり、ひょっとしたら東京は開催地を勝ち取ることができなかったかもしれません。

あの動きを指導したのは、やはり外国人でした。五輪招致戦略コンサルタントのニック・バーリーさんです。彼はおそらく日本人がジェスチャーに馴染みがないことを知り、**あえてジェスチャーをオーバーなくらいに使う**ことを助言したのだと思います。

ネットには、世界中の優れたスピーカーたちがジェスチャーを使いながらプレゼンを行なっている映像がたくさんありますので、ぜひそれらを参考にしながら日常的にジェスチャーを取り入れるようにしてください。

ジェスチャーは、天性の「クセ」ではなく、練習すれば必ず習得できる「技術」なのです。

ジュガール・エッセンス

・笑顔やジェスチャーなどの非言語コミュニケーションの威力を知る。
・「立つ」「座る」「歩く」「腕を動かす」という基本ジェスチャーを学ぶ。
・効果的なジェスチャーを習得して、その場の空気を支配する。

話す「内容」より、「印象」を大切にする

「見た目」がコミュニケーションに与える影響

良いコミュニケーションは、必ずしも「言葉」によってのみつくられるものではありません。

コミュニケーションが苦手な人ほど、自分が相手に伝えようとする「内容」にばかり意識を向けがちです。伝えようとする内容に不備がないか、その内容の伝え方が拙《つたな》

くないかなどを気にしすぎて、非言語コミュニケーションが疎《おろそ》かになってしまう。

そういう人は大勢います。

世界で目まぐるしい活躍をしている印僑も、英語を習得しているにせよ、そもそも外国語です。それでも、相手に自分の伝えたいことをしっかり伝えて、相手の心をつかんでいる。

そこには、内容以上に大切にしていることがあるからです。

笑顔をはじめとする「表情」や身体の動きである「ジェスチャー」など、言語以外の非言語コミュニケーションは、こちらの伝えたいことを十分に伝えられるようにしてくれるだけでなく、良い会話を生む「雰囲気」を形づくってくれるとても大切な要素です。

ところが、非言語コミュニケーションの天性の才能を持つ少数の人を除けば、表情やジェスチャーをマスターするには、それなりに繰り返し勉強したり練習したりすることが必要になってきます。

一方、同じように相手の視覚に訴えつつ、もっと簡単に相手の心をつかんでコミュニケーションをより良いものにできる要素が存在します。

それは、**「見た目」**です。もっと言えば、**あなたの見た目が相手に与える「印象」**です。

ここでは、見た目が人に与える影響について学びましょう。

「見た目」次第で、せっかくの誠意も誤解される

よく「見た目は関係ない。心が大切だよ」と言う人がいます。

しかし、本当にそうでしょうか？

はっきり言って、私はそうは思いません。

もちろん、相手を思いやることは人として大切なことです。

しかし、こちらが相手に何かを伝えようとするときに、一方的に「自分の心をくみ取ってくれ」と期待するのは間違っています。**何かを伝えたいならば、心も大切ですが、同じくらい「見た目」も大切であること**を自覚したいものです。

たとえば、婚約者の両親に会いに行くときのことをイメージしてみてください。あ

なたは、自分の婚約者を心の底から愛していて、相手方のご両親のこともリスペクトしています。

しかし、そのときに、あなたの身なりがだらしなかったとしたら、どうでしょうか？

相手方のご両親は、あなたの「誠心誠意」を読み取ってくれると思いますか？

答えはNOです。あなたがどれだけ誠意を持っていても、見た目がだらしないのなら、ほとんどの場合、あなたが与える印象は最悪なものになるでしょう。

私たちの心は、間違いなく大切なものです。

しかし、**「見た目」を疎かにすると、その心が誤解されてしまう**のです。

ちなみに、私が言っている「見た目」とは、生まれ持った顔や身体のことを言っているのではなく、**自分が努力すれば、変えられる身だしなみや洋服**のことです。

「見た目」次第で、合否が決まる!?

自分の「見た目」によって、相手の受ける印象がかなり変わることを実感した私の経験をお話ししましょう。

私は以前、自動車免許の切り替えのために教習所に行ったのですが、筆記試験とドライビングテストがあり、後者がかなりの難関でした。私の兄などは5回目にやっとクリアできたそうです。

私も1回目は落ちてしまい、落胆してまわりを見渡したところ、ドライビングテストを受けに来ていた外国人は、みなカジュアルな格好をしていることに気づいたのです。

そのときの私もタートルネックにジーンズというカジュアルな服装をしていました。おそらく、試験官はそんな私を見てビジネスパーソンだとは思わなかったはずです。もちろん、こちらの外見が合否を決めるわけではありませんが、仮に私がビシッとしたスーツを着ていけば、「この人はきちんとした身なりをしているから、日本語もきちんと話すビジネスパーソンで、日本の交通法規もちゃんと守ってくれそうだ」という印象を与え、試験官の判断に少なからず影響を与えるのではないか……。

そう考えた私は、2回目の試験にはスーツを着ていき、見事ドライビングテストにパスしたのです。

高価なものを身につければ、いいわけではない

「見た目を大切にする」と言っても、何も高価なブランド物を身につけるべきと言っているわけではありません。

自分の見た目を整える上で、最も気をつけるべき点は以下の2つです。

◎自分に似合っていること。
◎清潔感があること。

この2つの条件を満たしていれば、高価な服でなくても全然かまいません。逆に高価な服であっても、この2つを満たしていないなら、はっきり言って逆効果です。

最近では、ユニクロやH&Mなどファストファッションと呼ばれる、安くてセンスのいいショップがたくさんありますので、そうした**お店を賢く利用して自分の見た目**

を整えてみましょう。

また、**ヘアスタイル**1つでも、人の印象はグンと変わるものですので、腕の良いスタイリストのいる美容室を見つけて、自分に似合う髪型にしてもらうのもおすすめです。

ジュガール・エッセンス

・誰でも簡単にできる非言語コミュニケーションは、服装や髪型を変えること。
・見た目の印象が、人の心象を左右してしまう。
・自分に似合う、清潔感のある服を選び、髪型も変えてみる。

できるだけ、ネガティブを避ける

人間は、意識しないと、自然とネガティブになる

人と会話をしているとき、知らず知らずのうちに「ネガティブ」な話題を持ちかけていませんか？

もし、そうだとしたら、そのクセは即刻改めるべきです。

人は、意識しないでいると自然とネガティブなことを考えがちになってしまうもの

です。なぜなら、テレビや雑誌などのメディアが不安を煽《あお》るようなニュースを当たり前のように垂れ流し、私たちは四六時中その影響下に置かれているからです。

テレビをつければ、「富士山が近いうちに爆発する」「私たちの年金が危ない」「○○な人はガンになりやすい」などと、私たちの不安感を煽るようなニュースや話題ばかりが流れています。

こういったニュースばかり聞いていると、誰もがびっくりしてその影響を受け、意識せずに他人との会話においても話題にしてしまうものです。

しかし、**ネガティブな話ばかりしていると、あなたのコミュニケーションの質は、だんだんと低下していく**ことになります。

あなたが会うたびにネガティブな話題を振る人物なら、あなたと会う人々はあなたを「ネガティブな人」だと思うようになるのは当然です。

ネガティブな話題ばかり振ってくる人は、**人を不安にさせ、元気を失わせ、意欲を低下させる**ことを知っておいてください。自分自身が、そういう人と会って話をしたら、どんな気分になるか想像してみればおわかりだと思います。

「類は友を呼ぶ」――ポジティブな人を引き寄せるコツ

あなたがネガティブな話題ばかり話しているのに、あなたの下に寄ってくる人々がいるとすれば、それは「あなたと同程度にネガティブな人」である確率が高いです。と同時に、**あなたがネガティブなことばかり話していると、あなたのまわりからはポジティブな考えを持つ人がだんだんと離れていく**ことになります。

誰でも、自分とベクトルの違うことを考えている人とは長い時間一緒にいたくはありませんから、これは、自然の摂理とも言えます。

まさに「類は友を呼ぶ」という現象が起きるわけです。

もちろん、あなたの部下など、立場上はあなたから離れることができない人もいるでしょう。しかし、その部下がポジティブな考えを持っており、あなたがネガティブな話題ばかりしている人なら、その部下の心は、確実にあなたから離れていきます。

言ってしまえば、その部下は、**あなたの「ファン」ではなくなってしまう**のです。

もし、あなたがコミュニケーションによって人の輪を増やし、ビジネスで成功したいと考えているなら、わざわざ「ファンを減らす」ようなことをしてはいけません。あなたのことを好きでいてくれるファンを増やしていけば、その人たちの存在をきっかけにして、あなたの可能性はどんどん広がっていきます。

そして、ポジティブな考えを持つファンを増やしたいのなら、**あなたは絶対に「ネガティブを避ける」必要がある**のです。

ぜひ、「類は友を呼ぶ」法則を忘れないでください。**自分が今から話そうとする話題がポジティブなものなのか、ネガティブなものなのか、常に意識する**ようにしてください。そして、ネガティブな話題を持ちかけそうになったら、「自分はどんな人を惹きつけたいのか？」「ネガティブな人か、それともポジティブな人か？」と自問してみてください。

相手の興味を引き出し、相手のことをほめる

どんな人でも、他人からポジティブなことを言われると気分がいいものですし、それだけで元気になれるものです。

自分の印象は「第一印象」が左右することを踏まえると、やはり特に初対面の人に対しては、**できるだけポジティブなことを多く言うように心がけるべき**でしょう。

私にも多くのファンがいますが、よく人から「あなたのどういうところがファンを惹きつけているのでしょう？」という質問をされます。

まだ、完全には自己分析ができていませんが、その答えはやはり「私がポジティブなことをよく話すから」だと自覚しています。

周囲の人からは、

「サチンさんの話を聞いていると、自分は変われるんだと信じられる」

「サチンさんの話を聞いていると、気持ちがすごくポジティブになる」

と言われることが多いのです。

特に初対面の人にポジティブな言葉をかけることを意識しているので、私に会った人は、ネガティブだった人でもポジティブになれて、楽しい気分になるのでしょう。

自分のファンを増やしたい場合は、ポジティブな発言を心がけるのに加え、**「相手の興味のあることを話す」「相手をほめる」**ことが大切です。

人間は、誰もが「自分に興味を持ってほしい」と思っている生き物なのです。自分に対して無関心な人には、誰もが心を閉ざしてしまいます。ですから、相手に興味を持って真剣に向き合い、相手の好きなことを聞き出して、それを話題にするようにしましょう。

そして、**「相手をほめる」ことで、人は自分が変われるのかもしれないという可能性に心を開く**ようになります。すると、人はあなたに会うたびに前向きな気分になれるため、いつしかあなたのファンになってくれるのです。

ジュガール・エッセンス

・人は無意識のうちに自然とネガティブになってしまう。
・ポジティブな考えを持つ人を引き寄せたければ、ネガティブ発言は避ける。
・相手に真剣に興味を持って向き合い、相手をほめる。

「3R」と「GIVE」の作法

プロジェクトを成功に導く「3R」とは？

もし、あなたが今大がかりなプロジェクトに取りかかっていて、それをどうしても成功に導きたいと考えているのなら、可能な限りコミュニケーションを円滑にしておく必要があります。

コミュニケーションが円滑に進まないと、プロジェクトの至るところで支障が発生し、そうして生まれた小さなほころびがやがては大きなほころびへと発展して、プロジェクト自体が失敗に終わってしまうこともあるのです。

そこで、プロジェクトにおけるコミュニケーションを円滑にするために、ぜひとも押さえておいてほしい3つのポイントが**「3R」**です。

◎**「ライトパーソン（Right Person）」**……適切な人材。あるプロジェクトや仕事にふさわしい人のこと。

◎**「ライトディレクション（Right Direction）」**……適切な道順。プロジェクトを成功させるのに最もふさわしい方向性のこと。

◎**「ライトアプローチ（Right Approach）」**……適切な方法。プロジェクトを成功させるのに最もふさわしいやり方のこと。

要するに、そのプロジェクトを完遂するのに**「適切な人材」**を選び、**「適切な道順」**を通って、**「適切な方法」**を用いなさいということです。

たとえば、あなたがある大手企業に対して最新のコピー機を複数台販売するプロジェクトに従事していた場合、まず、**決裁権を持つ人**を探すことから始めます。

決裁権が社長にあるならば、社長が「ライトパーソン」です。

ところが、肝心の社長が多忙でなかなかアポイントメントが取れなかった場合はどうすればいいでしょうか？

社長と親しくしているA部長に働きかけて紹介してもらうのが最も成功率が高いのなら、「A部長経由で会う」という方向性が「ライトディレクション」になります。

事前に複数の戦略を用意しておく

さて、社長と実際に会う約束を取り付けることができたら、次は社長を説得するために、どんな戦略が必要かを考えるステップに移ります。

たとえば、コピー機の性能の良さをアピールするだけでなく、競合他社の製品と比べてどれほどの性能差とコストパフォーマンスの差があるのか、あるいは、他社の導入事例はどうなっているのかなど、メリットとデメリットをまとめた資料を作成した上で、最もプレゼンのうまい営業担当者を伴って説明させる。

こうした具体的な戦略のことを「ライトアプローチ」と呼びます。

この「3R」を意識して、コミュニケーションの戦略を立てていけば、プロジェクトは格段に成功しやすくなります。

ちなみに、**「3R」の中で最もキーになってくるのは、ライトアプローチ**です。

ライトパーソンとライトディレクションは比較的簡単に見つかりやすいのですが、その状況に合致するライトアプローチを見つけるのはなかなか難しいのです。

ですから、**戦略は最低でも3つ以上は考えておく**ことをおすすめします。

事前準備をして戦略を数パターン考えておくと、どんなケースにもきちんと対応することができるようになります。たとえば、仕事でプレゼンに臨む場合、戦略を数パターン用意しておき、「Aパターンで盛り上がれなかったら、Bパターンに」「それでもダメだったらCパターンに切り替えよう」というふうに、状況によって臨機応変に使い分けながら話を続けることが大切です。

「試食コーナー」の店員とジュガールの深い関係

「3R」の他にプロジェクトを成功に導くコツは、「GIVE」を身につけることです。GIVEとは、ご承知のとおり、「相手に何かをあげること」を意味します。

「人を物で釣るのか」と眉をひそめる人もいるかもしれませんが、実は何かをあげることは、相手が喜ぶ最高のコミュニケーションツールなのです。

なぜ、GIVEが有効なのかというと、それは**「返報性の原理」**に理由があります。

これは、マーケティングの世界でも重んじられている考え方で、「人は誰かに何かをしてもらうと、お返しをしなければならないと考える習性」があることを利用する考え方です。たとえば、スーパーで試食品を食べた際、「食べさせてもらったのだから、買ってあげなくちゃ」とつい思ってしまうことがありますが、あれがまさに返報性の原理なのです。

人とのコミュニケーションにおいても、この原理は有効です。自分からどんどん相手が喜ぶようなGIVEをすると、相手からも同等のものが必ず返ってくるようになります。その際には、相手が欲するものをあげるのが、一番望ましいでしょう。相手が興味を持っていないものを押しつけるようにするのは逆効果です。

ただし、GIVEをする際に気をつけなければならないことがあります。

それは、**「自分からは見返りを求めないこと」**です。

見返りを求めると、返報性の原理が働くどころか、相手は「プレッシャー」を感じてしまい、あなたを避けるようになるでしょう。

また、相手にＧＩＶＥするものは実際の**「物」**だけに限りません。相手がどうしてもと欲しがっている**「情報」**や**「人脈」**を提供したり紹介したりすることも、立派なＧＩＶＥです。自分の持っているものをフル活用して、人間関係を円滑にしましょう。

ジュガール・エッセンス

・プロジェクトを成功に導くポイント「3R」を常に意識する。
・ライトアプローチは、複数用意して状況に合わせて対処する。
・返報性の原理を利用して、人に何かをGIVEする際、見返りは求めない。

第4章

今すぐできるジュガール式「人間関係」のつくり方

相手の「納得」と「共感」をつかむ話し方

相手を惹きつけるためのライトアプローチとは？

先ほどの項目で、コミュニケーションは「３Ｒ」と呼ばれるポイントが重要だとお話ししました。３Ｒとは、**「ライトパーソン」「ライトディレクション」「ライトアプローチ」**のことで、これらを押さえることでプロジェクトを成功に導く効果的なコミュニケーションを図ることができるわけです。

この中でもとりわけ重要なのが、**会話をするときに、どのように話すのが最も適切なのかを考えるライトアプローチ**です。

コミュニケーションによって何らかの目的を達成したい場合、あなたは、**相手の「納得」と「共感」を得るように努めなければなりません。**

これまでに説明してきた「相手の関心事」を引き出し、それを深掘りして自分が相手に共感を示すのが「初期段階」だとすると、今度は、そこを足がかりにして相手の「納得」と「共感」を得る次のステップに移る必要があります。

もし、相手の納得も共感も得られない場合、あなたの目的はほぼ達せられないと考えてもいいでしょう。

話をストーリー化させる4つのステップ

相手の納得と共感を得るための戦略の基本は、「相手の気持ちを理解した話し方をする」ということです。

つまり、**「こう話せば、相手はこう思うだろう」**と常に相手の心の動きを思いやりつつ、よくできた**「物語」のように構想を練って話をする**のです。

ひと口に構想と言っても、実にさまざまなパターンがあり、そのすべてを網羅することはできませんが、代表的なものをここでご紹介しましょう。

◎**【ステップ1】ユーモアを取り入れる** ↓ 相手の心を和ませ、心を開かせる。

◎**【ステップ2】世の中の困り事を話す** ↓ ある話題を他人事として考えさせる。

◎**【ステップ3】身近な困り事を話す** ↓ その話題が自分にも関係があることに気づかせる。

◎**【ステップ4】その困り事を解決する商品（ソリューション）を紹介する** ↓ 相手を感動させる。

この4つのステップは、「物語」のような構造を持っています。

多くの物語は、「スター・ウォーズ」や「ロード・オブ・ザ・リング」などがそうであるように、まず大なり小なり「困った事態」が生じることで始まります。

そして、そこへ「英雄」が現れ、冒険へと旅立ち、さまざまな試練と紆余曲折《うよきょくせつ》を経た末に、その「困った事態」を見事に解決して、大団円を迎えるわけです。

このような物語の構造を、あなたの話にも当てはめてみてください。

相手の警戒心を解くポイント

しかし、初めて会うような人に対して、いきなり「身近な困り事」をアピールしてしまうと、相手は「この人は自分に何かを売りつけようとしているのでは？」と警戒心を抱いてしまいます。

だから、初めはユーモアを取り入れて相手の心を和ませ、さらに別の項目で紹介した「相手の関心事」を引き出すテクニックなどで、相手の心をこちらに向けて開かせるような会話をすることを心がけるべきなのです。

そうして、徐々に相手の関心を「困り事」に向けさせていくのですが、そのときも焦ってはいけません。

まずは、マクロな困り事、つまり、**世の中全体の困り事を「他人事」のようにして**

話しましょう。

そうすることによって、相手は警戒心を抱くことなく、その問題に対して関心を向けるようになりますので、良い頃合いを見計らってその問題がその人自身にも関係しているという事実をさりげなく提示し、ハッと気づかせるようにします。

すると、相手は自然に自分が「困り事」の当事者であることを認めざるを得なくなり、その困り事を解決してくれる「英雄」を求めるようになるわけです。

そのタイミングで、あなたが売りたい商品（ソリューション）を紹介すれば、相手の「納得」と「共感」を最大限に引き出すことができるというわけです。

ソリューションから逆算して、話の流れを構成する

聴衆は、おのずと物語の構造を持つ話に惹きつけられるものです。

人々は、**プレゼンテーションの際にはできるだけ「短い物語」を求めています。**

スライド10枚で済むはずの話を１００枚のスライドを使って説明するようなプレゼンテーションを聞かされるのは、多くの人にとって苦痛でしかありません。

ですから、より良いプレゼンテーションがしたいのなら、物語の構造を備えた手短な説明で、相手の目的に合わせたソリューションを提供するのが理想です。

整理をすると、次の3つがポイントです。

①相手の気持ちを考えて「手短」に話す。
②話の流れに物語の構造を持たせる。
③相手の目的に一致したソリューションを提供する。

この3つのポイントを押さえて話ができれば、相手の「納得」と「共感」を引き出すことができます。

しかし、この3つのポイントをしっかり押さえるのはなかなか難しく、すぐにはできないかもしれませんが、コツがあります。

こちらの提供したいソリューションから「逆算」するようにして話をつくっていくのです。せっかくストーリー仕立ての話をしたとしても、最終的な着地点がこちらのソリューションとずれてしまっては、まったく意味がありません。

最後に提供するソリューションから逆算して、**相手の身近な困り事は何か、そこからさらに逆算して、どんな世の中の困り事の話題を振ればいいのか、**と考えていくのです。この物語の構造を持たせた話がぴったりはまれば、相手の心に大きな感動を呼び起こすことができるのは必至です。

このようにして、相手の「納得」と「共感」を引き出すことができれば、あなたは、プレゼンにおいても交渉においても、思いのままの結果を出すことができるようになるでしょう。

ジュガール・エッセンス

・ユーモアを取り入れて、相手の気持ちを和ませ、心を開かせる。
・自分の話に「物語の構造」を持たせて、聞き手を惹きつける。
・着地点から逆算して、その状況にふさわしい物語をつくり上げる。

他人に自分を売り込む技術

あなた自身が
あなたが売り込むべき最大の商品である

もし、あなたがビジネスパーソン、それも営業職についている人であるならば、自分が相手に売ろうとしている商品に精通しておかなければならないのは当然です。

そうでなければ、あなたの話を聞く相手は、あなたの商品はおろか、あなた自身についても「信用」できなくなるからです。

ところで、あなたは、あなたが売ろうとしている商品と同様に、「あなた自身」にも精通しているでしょうか？

多くの人が見落としがちなことですが、実は私たちは**相手に商品を売り込もうとするとき、同時に「自分のことも売り込んでいる」**のです。

そして、あなたが自分の売り込みに失敗した場合、商品の売り込みに失敗するのと同様に、相手はあなたのことを信用してくれません。

たとえば、非常に優れたサービスを売り込みに来た人が、もしボサボサの頭をしてヨレヨレのシャツを着た人物だったらどうでしょうか？

おまけに話すときの口調も自信なさげで、発音も不明瞭《ふめいりょう》だったら？

そんな人物の売り込もうとしているサービスが、どんなに良いものであっても、その良さが伝わらなくなってしまうのは、誰にでもわかることだと思います。

このことをよくわきまえている人は、**商品を売りながらも、巧みに自分のことも売り込んで自分の「ファン」を増やし、コネクションをどんどん広げていく**ことで、大成功を収めることができます。

つまり、あなたが相手に売り込まなければいけない最大の商品は、実は「あなた自身」なのです。

自分を売り込む最大キーワード「サムシング・ディファレント」

とは言っても、自分自身を売り込むと聞いても、ピンとこない人のほうが多いかもしれません。中には、自分を売り込むには、「とにかく自分の長所をアピールしまくることが大切だ」と考えている人もいるでしょう。

しかし、この本をここまで読んでくださった人は、そのやり方がむしろ逆効果であることをもうご存じだと思います。

それでは、いったいどういった戦略で自分を売り込めば良いのでしょうか？

キーになるのは、**「サムシング・ディファレント」**、つまり**「他の人（もの）とは違う何か」**です。サムシング・ディファレントは、「付加価値」という言葉に言い換えてもいいでしょう。

たとえば、アメリカで大成功を収めた「ベニハナ」という鉄板焼きレストランチェーンがあります。その経営者であった故ロッキー青木さんは、こう語っていました。「繁盛している一流店は、味やサービスだけでなく、その他に何か客にアピールするものを持っている」と。

この何か他にアピールするものこそが「サムシング・ディファレント」なのです。サービスや商品として一定の要件を満たしつつも、**他とは違う何か（＝付加価値）を持つ**ことが、成功と不成功を分けるのです。

もちろん、これは人に関しても同じことが言えます。

もし、一流のビジネスパーソンになりたければ、何とも名状しがたいサムシング・ディファレントを身につけて、自分を売り込む必要があります。

パッケージ（見せ方）を変えて他と差をつける

とは言っても、誰もがスティーブ・ジョブズやビル・ゲイツのようなカリスマ性をたやすく身につけられるわけではありません。そうした名状しがたい魅力は、その人の考え方や生き方が如実に反映するものだからです。

しかし、比較的簡単に身につけられる「サムシング・ディファレント」もあります。

それは何かというと、**あなたの「パッケージ」**です。

今や国際的にその名を知られるファストファッションブランドの「ユニクロ」が、フランスに出店した際、その看板に書いた言葉は「Japanese Quality」というものでした。

実際には、中国、タイ、ベトナムで生産された衣料品を売っていたのですが、あえて企画・管理を行なっている本国日本のカラーを打ち出したわけです。

これこそが、「パッケージ」です。つまり、どうすればより良く見せられるかという「見せ方」のことだと言っていいでしょう。

まったく同じ品質のモノやサービスを売ったとしても、そのパッケージ（包装）を換えれば、売上に歴然とした差が出てくることがあります。

それは、人間でも同じです。**同じ学歴、同じ資格、同じ能力でも、その人自身の「見せ方」が変われば、全く別のクオリティーを持った人間に見える**のです。

あなた自身のパッケージのうち、最も簡単に変えられるのは「服装と身だしなみ」。

人は会って約6秒の短い時間に相手を判断すると言われていますから、より良いパッケージの自分を見せて第一印象を良くすることは重要です。

その上で、自分が「他の人とは違う」ということを、**押しつけがましくなく、さりげない形でアピール**できるように工夫を凝らしてみましょう。

ジュガール・エッセンス

・商品を売るのと同程度の熱意で「自分自身」を売り込む。
・他の人やモノとは違う「何か」を身につけ、人々を惹きつける。
・どう見せるかという「パッケージ」を意識して自分を演出する。

「嫌われたら終わり」と思わない

あなたは、嫌いな相手の「好きなもの」を知っているか？

さまざまな人々と関わり、人間関係を築いていくと、中には「ウマが合わない」と感じる人と出会うこともあるでしょう。単にウマが合わないだけならいいですが、人から「嫌われて」しまった場合の対処法には、なかなか悩ましいものがあります。

たとえば、あなたのことを嫌っている上司がいて、実際に職場でいじめられているとか、急な残業を押しつけられるとか、出世を妨害されているとか、そういう状況に陥ってしまった場合、あなたならどうするでしょうか？

ほとんどの人は、仕方なく言うことを聞き続けるか、その上司のことを恨んで復《ふく》讐《しゅう》の機会をうかがったりするのではないでしょうか？

でも、ちょっと待ってください。それは、あまり賢明な選択とは言えません。

現在、誰かから嫌われていると感じている人にお聞きします。

「あなたは、その人の趣味や好きな食べ物について知っていますか？」

ほとんどの人の答えは、NOではないでしょうか？

ここに、状況を打開するヒントがあります。

多くの人は、人から嫌われたと思うと、その人のことを意識的にも無意識的にも「避けよう」とします。つまり、嫌なものから目を逸らすわけです。

しかし、そうして**嫌いな相手を避けている以上は、その人の気持ちを変えることは絶対にできない**ということを知るべきです。

相手のことを知ることができなければ、相手の関心を惹いたり、相手の気持ちを和らげたりすることはほとんど不可能だからです。

自分を嫌っている相手に、あえて向かっていく

というわけで、誰かから嫌われているという状況を本気で打開したければ、その相手を避けるのではなく、逆に思い切って**その相手に「向かっていく」必要**があります。よくよく調べたり、話したりしてみれば、**相手の意外な共通点や、長所などが見つかって、関係を改善できる**ことがあるものです。

しかし、避けている以上は、改善のチャンスが訪れることはほぼありません。

それでは、嫌いな相手にどうやって近づいたらいいでしょうか。

もし、相手がSNSをやっていたら、こまめにチェックしてみましょう。自分が気に入らない相手であっても、仔細にチェックすることで、意外にも自分と趣味が合ったり、同じ人と友達だったりと、共通点が見つかることがあります。

また、共通点が見つからなかったとしても、気にすることはありません。

たとえば、その相手がFacebookに最近行ったレストランの写真とともに感想をアップしていたとしましょう。そうしたら、あなたも思い切って「僕も行きました。お

いしいですよね」とか、「僕もそのお店には興味があったので、今度行ってみます」などとコメントしてみてください。または、上司が最近読んだ本を紹介していたら、「おもしろかったですか？　今度ぜひ感想を教えてください」と聞いてみてください。

嫌いな相手、嫌われている相手にこういったアクションを起こすのは、とても勇気のいることです。アクションを起こされた相手の側も、初めは戸惑いを見せるかもしれません。

ところが、**たったこれだけのアクションでも地道に積み重ねていけば、相手はあなたに興味を持つようになり、だんだんと心を開いてくれるようになる**のです。

気持ちが離れた人にアプローチする最善の方法

かつて、私はある経営者とのコミュニケーションで失敗をしてしまったことがあります。

その方の企業は、今や日本中の人が利用しているあるサービスの提供元で、現在、日本でも一番イケイケな社長でもあります。

以前、私はその人に「ぜひ、セミナーで話してください」とアプローチをしたのですが、色よい返事をもらうことができませんでした。彼はちょうど上場しようという大事な時期だったのに、そのことを知らなかった私は、しつこくアプローチをかけてしまい、どうやら「しつこい」と思われて嫌われてしまったようなのです。

しかし、嫌われてしまったことを悟った私は、それでもあきらめませんでした。

嫌われてしまってから、しばらく時間を置き、頃合いを見計らって相手のSNSで出すコメントに「いいね！」をクリックしたり、「おめでとうございます」など、簡単なコメントを送ったりするようにしたのです。そうするうちに、相手の気持ちも少しずつ和んできたのか、かつてのようないい関係を築き直すことができたのです。

一度は気持ちが離れてしまった相手と実際にアポイントメントを取って対面で話すことはかなり難しいですが、**SNSにコメントを書いたり、リアクションをしたりする**ことは難しくありません。仮に、**相手から返事がなくても気にしなければいいだけ**です。

こうした些細でシンプルな働きかけがきっかけになって、人との距離はグッと近づいていくものです。

本来、人と人とのコミュニケーションとはシンプルなものです。

ところが、**コミュニケーションが苦手な人ほど、あれこれと考えすぎてしまい、自分でコミュニケーションを複雑化してしまっている**のです。

嫌いな相手、嫌われた相手、離れてしまった相手でも、あなたの気持ち1つで関係を改善する方法はあります。

ぜひあきらめることなく、相手と向き合ってみてください。

ジュガール・エッセンス

・自分を嫌っている相手や自分が嫌っている相手を避けるのをやめる。
・嫌いな相手、嫌われている相手の「好きなもの」「関心事」に意識を向ける。
・シンプルなアクションが、離れた人の気持ちを取り戻す。

その場で、次に会う約束を決める

ゴールに近づくための最善な小さな目標

「何かを売る」あるいは「誰かと恋人になる」など、明確に大きな目的（ゴール）を達成しようとする場合、その都度のコミュニケーションでクリアしなければならない**小さな目標（ハードル）**があります。

その小さな目標とは、「次の約束（納期）を取り付ける」ことです。

次の約束をすることができれば、あなたと相手との関係は継続され、大きな目的の達成に少しずつ近づいていけるからです。

逆に、次の約束をせずに別れてしまったら大変です。

なぜなら、人の気持ちは、時間の経過とともに冷めてしまうものであり、帰社、あるいは帰宅してから次の約束をしようと思っても、そのときには、すでにお互いの気分が切り替わっているために、約束をしづらくなっているのです。

そのままなし崩しに約束をしなかった場合、あなたは結局、ゴールにはたどり着くことができないかもしれないのです。

ゴールに到達したければ、**毎回毎回のミーティングやデートの後、できるだけ次に会う約束をする**ようにしましょう。次に会う約束は、**できるだけ気持ちが盛り上がっているタイミング**でしてしまうのが望ましいのです。

雰囲気によっては、アポイントメントを取りづらいときもあるかもしれませんが、そんなときでも「ぜひ、またお目にかかりたいです」などの一言を添えるようにしましょう。

相手にあなたの「リピーター」になってもらう方法

実は、次に会う約束をし、関係を長続きさせるには、コツがあります。

関係を長続きさせることのできない人は、往々にして「会っている間、仕事の話（本題）に終始している」傾向にあります。

それはそれで、その人が真面目である証拠ではあるかもしれませんが、相手からすればあなたと会っていても「楽しい気分」にはなりにくいでしょう。

ですから、ビジネスシーンにおいて次につなげるためには、本題とは関係のない話題であっても、相手が興味を持っていることなら、何でも話したり聞いたりすることが大切なのです。

たとえば、**「どんな料理がお好きなんですか？」「どんなお酒がお好きなんですか？」**などの質問をぶつけて、その答えをメモしておき、次に会う機会には、そのときに知った料理やお酒を出してくれるお店に連れていくのです。

そうすれば、その人は、**「あのときの何気ない話を覚えていてくれたんだ」**と感激して、あなたのことを好ましく思ってくれるようになります。

もちろん、料理以外にも、趣味や嗜好についてもこまめに聞いておくことで、次に会うときの会話の幅が広がり、相手もあなたと話していると楽しいと思ってくれるようになります。

取引先と仕事の話（本題）ばかりしている人は、ぜひタイミングを見て、**本題から外れた話、それも相手が興味を持っている話を積極的にしてみてください。**

一流の料理店は、顧客がその日に食べたもののみならず、その人の好き嫌いを完璧《かんぺき》に記録（記憶）しておき、それに基づいて次に来たときのメニューを考えています。

そうした顧客管理を徹底することで気に入られて、常連客が増えていくわけです。

これは、人間同士の関係においても、まったく同じことが言えるのです。

場の空気を壊さずに、「そろそろ帰りたい」と伝えるコツ

次の約束をするのが大切とはいえ、誰とでもスムーズに約束ができるわけではありません。

特に厄介なのが、プライベートでもビジネスの場でもまれにいる「話の長い人」です。

次のアポイントメントの時間が迫っているのに話が終わる気配がなく、なかなか帰ることができない。そんな経験は、誰しもあると思います。

しかし、そういう人に対して「もう帰ります」と単刀直入に切り出すと、その場の空気が白けてしまい、次に会う約束をするどころではなくなってしまうかもしれません。そんなときは、どうしたらいいでしょうか？

私はそういうとき、**「ほめながら、別れを告げる」**というやり方を使います。

たとえば、多少大げさな身振りで腕時計を見て、**「あ、もうこんな時間ですね。○○さんと話していると本当に楽しくて、あっという間に時間が過ぎてしまいますね。ぜひ、今度またお会いできたらと思います」**と言うのです。

こうすれば、「帰りたい」という意思を伝えると同時に、相手をほめることになりますから、場の楽しい空気を壊さずに「次の約束」をすることができます。

また、上司と飲んでいて先に帰りたい場合は、先に述べた言い方では通用しませんので、**「明日のプレゼンの用意があるのでそろそろ失礼します」**など、仕事のために帰りますという趣旨のことを述べるのが効果的です。

もし「家族と過ごしたいから帰る」などと言ってしまうと、上司によっては「俺よりも家族のほうが大切なのか！」とへそを曲げてしまう恐れがあるからです。

いずれにせよ、**その相手に応じた「いい言い訳」を考えて、場の空気を壊さない**ようにすることが大切です。

ジュガール・エッセンス

・大きなゴールに到達したければ、次に会う約束をし続ける。
・本題に関係のないことでも、相手が興味を持っていることなら何でも話題にする。
・場の空気を壊さずに「帰りたい」ことを伝え、次に会う約束をする。

必要なプライド、要らないプライドを使い分ける

日本人は、もっと厚かましくなったほうがいい

私は日本でビジネスを始めてからもうずいぶんになりますが、やはり、未だにインド人と日本人の性格の違いには驚かされます。

特に違うなと感じるのが、**「自己主張」**です。インド人が主張しすぎるくらいするのに対して、日本人はこちらが心配になるほど主張しません。

この違いは、おそらく両国の地理的環境が原因で形成されていると思います。

私の祖国インドは、日本の約8倍の国土を持ち、人口はおよそ12億人と約10倍もあります。おまけに、その広大な国土は、28の州と7つの連邦直轄領に分けられ、公用語は22にものぼり、方言に至っては何と1500以上もあるのです。しかも、それらの方言は「ニュアンスが少し違う」などという生やさしいものではなく、ほとんど「通じない」というレベルなのです。

それに加え、宗教面でもヒンドゥー教、ジャイナ教、仏教などが混在しているため、価値観もかなり多様化しています。

つまり、インド国内には、言語面・文化面などにおけるさまざまな「断絶」が存在している状態で、いわば1つの国の中に無数の外国があるようなイメージなのです。

ですから、私たちインド人は、とにかく言葉も価値観も違う人々の中で自分の主張を押し通すため、ひたすらしゃべりまくって、自分の意見をアピールするようになったというわけです。

一方、日本はどうでしょうか？　日本は、基本的には単一民族国家です。もちろん、地方ごとにさまざまな文化習俗が存在しているものの、インド国内に見られるほどの文化面・言語面における「断絶」は見られません。そのことが、おそらく謙遜を美徳とする日本人特有の「奥ゆかしさ」をつくり上げたのではないかと私は考えます。

確かに自己主張ばかりしているインド人は、時には他人の意見に耳を「傾ける」必要があることは重々承知していますし、最近では実際にインド系のＩＴ企業などでは顧客の話を「聞く」ためのトレーニングが施されているほどです。

しかし、それでも日本人はあまりにも自己主張しなさすぎです。今の日本人は国際的に見れば、奥ゆかしすぎる状態にあるので、多少厚かましくなってみたところで、ほとんど問題はありません。むしろ、メリットのほうが大きいと思います。

ビジネスシーンで捨ててはいけないプライド

さて、インド人と日本人の間には、もう１つ大きな違いがあります。

それは、**「プライド」**です。

先ほども述べましたが、日本には「謙虚であること」や「腰が低いこと」を美徳とする気風が根強く、ビジネスの現場でもとにかく相手に対してへりくだって自分を小さく見せようとする傾向があるようです。

要するに、自分のプライドを捨ててまでも、相手を立てたり、自分を過小に見せたりすることで、謙遜の文化の中に溶け込もうとしているのです。

しかし、私からすれば、**プライドを捨てる場所を間違えている**日本人が多くいます。顧客に米つきバッタのようにペコペコしながら、過度にへりくだってしまうと、相手から下に見られることも多いはずです。そして、その人自身が過小評価されることは、その人の売り込もうとする商品が過小評価されることにもつながるのです。

「何を売るか」もちろん大切ですが、「誰が売るか」もそれと同じくらい大切であることを忘れてはいけません。

現代のようなモノがあふれている社会では、**「誰から買うか」**、**つまり「誰と人間関係を築くか」がとても大事な要素**なのです。

あまりにもへりくだってペコペコしている営業マンから買うよりも、**自分の商品に自信を持って堂々としている人**から買って、その人物とより良い関係を築きたいと願っている人はたくさんいるはずです。

ビジネスにおける良好な人間関係は、お互いにプライドを持った人間同士による信頼関係によって成り立つものです。一方的に下に見られている人間が、成功することはあり得ないと言ってもいいでしょう。

ただ、**誤解しないでいただきたいのは、「へりくだらない」＝「偉そうにする」ではありません。**

卑屈にはならず、プライドも捨てずに、かつ一定の礼儀は守りながら、堂々と丁寧な営業をしましょうと言っているのです。謙遜の美風によって、捨てる必要のないプライドまで捨ててしまっては、元も子もありません。

日本人が捨てたほうがいいプライド

しかし、日本人は、過剰なまでにへりくだって自分を小さく見せようとする反面、きわめてプライドの高い側面も持っています。そうした側面は、特に「外国語」が関わってくるシチュエーションで顕在化するようです。

たとえば、私が国際会議で通訳をしていた頃、日本人の皆さんは教育水準が高いので、基礎的な英文法も英単語も理解できているはずなのに、いざ自分が話す段になると、なかなか話そうとしないという場面によく出くわしました。

どうやら、彼らはプライドが邪魔をしてしまって、しゃべれないようなのです。「文法を間違えたら恥ずかしい」とか「発音が悪くて相手に伝わらなかったらどうしよう」などと、あれこれ不安に考えてしまい、自分では何もできなくなってしまうのです。中には「はじめまして」という挨拶の言葉さえ自分では言わず、通訳のこちらに頼ってくる人もいました。

また、インド人である私が日本人の英語の間違いを指摘すると、眉をひそめて嫌な顔をされることもしばしばあります。ネイティブスピーカーならまだしも、インド人の私に間違いを指摘されることが嫌なのでしょうね。

気持ちはわからなくはないですが、はっきり言ってこんなプライドは「ムダ」です。

私は、欧米人の友人に英語の間違いを指摘されたときは、必ず「ありがとう！　次からは気をつけるね。また何かあったら教えてね」と伝えます。

実際のところ、**指摘してくれることはありがたい**ことですし、**間違いをし続けることのほうが、間違いを指摘されることよりも、ずっと恥ずかしい**ことのはずです。

こうした「ムダなプライド」を捨てることができれば、日本人は今よりもずっと外国語が得意になるはずです。

日本人は、謙遜しすぎず、かといって傲慢《ごうまん》にもなりすぎない、ちょうどよいバランスを目指すべきです。

ジュガール・エッセンス

・謙遜が美徳とされない国際的な場においては、もっと厚かましくなっていい。
・ビジネスシーンでは「謙遜」と「卑屈」は、紙一重である。
・ムダなプライドは、捨ててしまったほうが、成長を加速させる。

なぜ成功する人ほど、家族を大切にするのか？

「生活」のために働く凡人、「家族」のために働く成功者

これまで長らく日本でビジネスをしてきた中で、日本人とインド人の考え方にはさまざまな違いがあることがわかってきましたが、とりわけ私が驚いたのは、**「何のためにに働くか？」**という問いに対する答えがあまりにも違うことでした。

日本最大のマーケティングリサーチ会社であるインテージが、関東圏在住の20〜59

歳のビジネスパーソンの男女計800人にアンケート調査を行なったところ、「あなたは何のために働いていますか？」という問いに対して、最も多かった答えは「生活のため」「お金を稼ぐため」でした。

次いで「自分を成長させるため」「プライベートを充実させるため」「自己実現をするため」という理由が挙げられていたのですが、この結果は、私にとってはとても意外なものでした。

本書を読んでいる人は、「いったい何が意外なのか？」と訝《いぶか》しがるかもしれません。

確かに、「生活のため」「お金のため」に働くのは、社会人として当然と言えば当然です。年金制度の基盤も怪しくなってきている昨今では、特にお金を稼いでおくことは、老後の安心を確保するためにも不可欠なことになってきていると思います。

しかし、仮に私の祖国インドで同様のアンケート調査を行なった場合、日本とは全く異なる結果が出るのです。

インドでは、「何のために働くのか？」という問いに対して、圧倒的多数が**「家族のため」「祖国のため」**と答えるのです。

ファミリー意識こそが、「印僑」の最大の強み

実は、インド人ががむしゃらに働こうとする原動力となっているのは、「家族」や「民族」、そして自分たちの「国家」でした。

日本や欧米に比べてはるかに後進国であったインドが、今や、ITを武器に世界経済の大舞台に躍り出ることができたその背景には、「家族」や「祖国」のために「貧乏から抜け出してやるんだ！」という強烈な思い、ハングリー精神があったのです。

インド人の家族や祖国への愛情の深さは、その本国送金の額からもはっきりと読み取れます。世界各国に約2500万人もいると言われる「印僑」の本国送金額は、2010年度には実に約550億ドル（日本円にして約4兆5000億円）にも上ったのです。

私自身も、ビジネスを始めてお金が稼げるようになってからは、20代で母のために家を購入、兄が大学院に通うための学費を出し、従兄の結婚式にかかる費用まで負担してきました。

日本人は、「どうして従兄の結婚費用をあなたが出す必要があるの？」とびっくりするかもしれませんが、インド人の同族愛はそれほどまでに強いものなのです。

そんなわけですから、インドの大企業には当然ながら「家族経営」の企業が多いのが特徴です。

インド人は「ファミリー意識」や「同族意識」が強く、社員であってもグループ内にいる人間はみんながファミリーだという連帯意識を持っています。

ですから、ビジネスミーティングでも、相手を自分の家に招待して自分の家族に紹介し、食事をともにしながらコミュニケーションを図ることによって、**「家族同然」の間柄になろうとする**のです。

成功者が、家族の絆を重視する本当の理由

ビジネスパーソンが家族を重んじ、家族ぐるみの付き合いをする中で信頼関係を築こうとするのは、何もインドだけの話ではありません。

実は、欧米の社会も同じなのです。映画などでよく欧米のビジネスマンがホームパ

ーティーを開いて家族ぐるみの付き合いをしたり、ディナーに配偶者を同席させたりしているのを見たことがある人は多いでしょう。

彼らは、そうすることによってお互いのプライベートを開示し、親睦《しんぼく》を深め、信頼関係を築こうとしているのです。

こう聞くと、日本人の皆さんは「ビジネスシーンでそんなことをする必要が本当にあるのかな？」と思うかもしれません。

ところが、これには大きな意義があるのです。

奥さん同士の仲が良く、子供同士も友達。そんな関係にある相手のことをあなたは騙したり、出し抜いたりできますか？

家族ぐるみの付き合いをすることは、**ビジネスにおいてきわめて有効なコネクションを広げる手段であると同時に、防衛手段**でもあるのです。

日本人は、他者との「和」を尊重する人々であることは間違いありません。

しかし、家族との「和」も尊重している人々かと聞かれたら、ちょっと私はクビをかしげてしまいます。

なぜなら、あまりにも多くの日本人が、職場の人間関係を円滑にするために、家族と過ごす時間よりも、上司や同僚と過ごす時間を優先するのを見てきているからです。

私に言わせれば、先ほど述べた**「家族ぐるみの付き合い」を除き、会社から出たあとのプライベートな時間まで職場の人間と付き合う必要などまったくありません。**

むしろ、その時間を家族とともに過ごすことに使ったほうが、結果的にはビジネスパーソンとしても大きく成長できるはずなのです。

特に、欧米やインドなどでは、**自分の家族との絆の強い人のほうが、ビジネスパーソンとしても人間としても信頼できる**と思われます。

あなたがもし国際的に活躍するビジネスパーソンになりたいのなら、家族の絆を重んじ、家族を守ろうとするときに発揮されるパワーを、自分の仕事にぶつけてみてください。

きっと、想像を超えた潜在能力が引き出されるようになるはずです。

ジュガール・エッセンス

・生活やお金のために働くという考え方が本当に正しいのかを見つめ直す。
・家族や国を思う気持ちが、人を強くするメカニズム。
・プライベートをできるだけ家族と過ごし、絆を重んじると、ビジネスでも成功する。

第5章

ジュガールが、人生を豊かにする理由

「ジュガール式ビジネス」をマスターする

「ジュガール式ビジネス」を成功させる3つの条件

今、インドではさまざまなビジネスが誕生し、成功を収めています。

たとえば、1台30〜40万円という低価格で販売されているタタ・モーターズの車「ナノ」、1台6500円程度で買えるタブレット端末「アカーシュ」、第1章でもご紹介した電気のいらない陶器製冷蔵庫「ミティクール」。

どれも、日本人的な感覚では思いつかないシロモノではないでしょうか？

このように、**ビヨンド・ザ・イマジネーション――想像の枠を超えた発想でモノを生み出していくのはジュガールの基本**です。

そして、最近ではインドの製品だけでなく、ジュガール式ビジネスにも熱い注目が集まっており、アメリカでは『ジュガール・イノベーション』という本が発売され、日産自動車の**カルロス・ゴーン**ＣＥＯが推薦文を寄せているのです。

そこには、「少ない元手でより多くのビジネスを実現していくための具体的ヒントを提供してくれている。21世紀のビジネスリーダーに読んでほしい」と書かれています。

ジュガールをビジネスに取り入れれば、必ずと言っていいほどイノベーティブな変革が起こり、大きなビジネスを展開できるようになっていくのです。

私のジュガール・セミナーでは、ビジネスで成功を得るための欠かせない条件を3つ挙げています。

①販売力をつけて、顧客を自分のファンにする。

②駆け引きのできる会話力と交渉力をつける。
③即電話、即ビジネスのスピード力をつける。

これら3つは、ビジネスにジュガールを取り入れて成功するための「必修科目」だと考えてください。

【必修科目①】販売力をつけて、顧客を自分のファンにする

以前にもお話ししたように、私は日本で飛び込み営業をしていた経験があります。そこで、感じた日本式の販売方法は「ペコペコ営業」です。

顧客に対してお世辞を言っては頭を下げ、できることは何でもしようとし、お客様が求めるのであれば土下座までしてしまうのが日本人です。

しかし、これでは上下関係がはっきりとしすぎてしまい、かえって顧客との信頼関係が成立しにくくなってしまいます。

では、ジュガールではどのようなセールスをするのか？

それは、**売る側と買う側が対等の信頼関係を築く**ことのできるセールスです。

そういった顧客との関係を築くために、絶対に欠かすことのできないセオリーがあります。

それは、**自分自身のバリューを高める**こと。

知識でもファッションでも趣味でも、顧客から**「この人と付き合っていれば、いいことがありそう」と思われるような付加価値を身につける**ことです。

つまりは、顧客を自分のファンにしてしまうわけです。

「このセールスマンから買いたい」という顧客と「この顧客に買ってほしい」というセールスマンの関係はフィフティ・フィフティですよね。

このような関係を築くことができれば、二人の信頼が壊れることはありませんし、新たな顧客を紹介してもらったり、関係が深まっていく可能性も高まります。

また、**顧客との信頼関係を築くためには、第一印象に気をつける**ようにしましょう。

「ファースト・インプレッション・フォーエバー」

初対面のときに受けた印象というのは、その後も長く残り続ける傾向にあります。

清潔感のあるファッションや、やわらかな表情、楽しい会話を心がけてください。

【必修科目②】駆け引きのできる会話力と交渉力をつける

私は以前、当時総理大臣だった方にお会いしたことがありますが、大好きな親戚《しんせき》のおじさんに久しぶりに会ったような感覚で会話を弾ませることができました。

このような会話力は、ビジネスにとってとても重要です。会話力や交渉力があれば、必ずビジネスは良い方向へ向かうはずです。

では、どうすれば会話力を身につけられるかですが、**修練を積む**しかありません。

たとえば、私は飛行機に乗ったとき、必ず隣の席の人に話し掛けるようにしています。「話し掛けたらヘンな人に思われないだろうか」と躊躇していてはいけません。

私の経験では、そういうときは、**誰しも話し相手を求めている**ものです。

実際、私は飛行機で隣り合わせた人と意気投合し、ビジネスにつながったこともあります。別に飛行機ではなくても、バーのカウンターで隣り合わせた人でも、サウナで隣り合わせた人でもかまいません。

初対面の人と会話するチャンスは、ジュガール式ビジネス力を鍛えるのに絶好のチャンスです。積極的にコミュニケーションを図りましょう。

また、交渉力を鍛えるのには、**「値切り交渉」**がおすすめです。

たとえば、家電量販店に行って、店員さんに値下げ交渉を行なってみてください。店頭にある展示品などは安くしてくれることも多いものです。

こういうトレーニングの積み重ねが、ビジネスにも役立つ会話力や交渉力をよりパワーアップしてくれるのです。

【必修科目③】即電話、即ビジネスのスピード力をつける

ジュガール・ビジネス最後の必修科目は、**スピード力**です。

第1章でもお話ししましたが、私は「カレーハウスＣｏＣｏ壱番屋」でカレーを食べているときに「このカレーなら、インドに店を出しても人気になるだろうな」と思いつき、即座にＣｏＣｏ壱番屋の社長に電話をしました。その結果、ＣｏＣｏ壱番屋はインドに出店する方針を決めたのです。

このように、ジュガール・ビジネスは**思い立ったら即行動**が基本です。

私に言わせれば躊躇しているのは時間の無駄でしかありません。みすみすチャンスを逃してしまっているようなものです。

このスピード力を身につけるためには、発想を転換する必要があります。

日本のビジネスマンは「○○しなければならない」が仕事への基本姿勢になっているように思います。あなたは、**「○○しなければならない」ではなく、「○○したい」という姿勢に変えてみてください。**こうした積極的な姿勢を身につけられれば、人脈もビジネスもスピーディーに展開していくことは間違いありません。

ジュガール・エッセンス

・販売力をつけて、顧客を自分のファンにする。
・駆け引きのできる会話力と交渉力をつける。
・即電話、即ビジネスのスピード力をつける。

#「行動」と「戦略」を同時進行する

ジュガールを頭で考える前に、まず使ってみる

私のセミナーに足を運んでくださる方の中に、何度か受講しただけで「ジュガールのことがなんとなくわかりました」とおっしゃる人がいらっしゃいます。

こういう人に限って、その後セミナーには姿を見せなくなり、しばらく経ってから「ジュガールを上手に使えません」と再び相談にやってくるのです。

この受講生に話を聞いてみたところ、1週間くらいはジュガールのことを意識しながら生活していたようなのですが、すぐに忘れて、いつもどおりの生活をしていたというのです。

これでは、ジュガールを使いこなせるはずがありません。

この本を読んでくださっている皆さんにぜひお伝えしたいのですが、本を1冊読んだからといって、ジュガールを会得することは不可能です。

本を読んだだけで、わかった気にはならないでください。

実際にジュガールを意識した生活を続けなければ、今お話しした受講生と同じように、すぐにジュガールのことを忘れてしまうのです。そう、本書のタイトルのように、**「頭で考える前に、やってみる」人がうまくいく**のです。

いつでもどこでもジュガール思考を使えるようになるためには、**日々繰り返し意識して、頭と体に染み込ませる**必要があります。

第1章の「セルフ・エフィカシーを大事に育てる」でも説明したとおり、ジュガールは実践することでしか体感することはできないのです。

何度もジュガールを使って成功体験を繰り返し、セルフ・エフィカシー（自己効力

感）を育てる以外に、上達の道はありません。

とにかく本を読み終わったら、ジュガールを使ってみましょう。

残念ながら、私は皆さんを一瞬でジュガリーにさせる魔法が使えません。

本を読んでなんとなく**ジュガールのことがつかめたら、とにかくやってみる**しかないのです。

行動するクセをつける

本を読み終わったら、さっそくジュガールを使いましょう。

なぜ、今になってこんな当たり前のことを説明するかと言えば、これだけ口酸っぱく言っても、実践してくれない人がほとんどだからです。

これは、日本人だけに限った話ではありません。世界中、チャンスがありながらチャレンジしない人が本当に多いのです。

ある印僑の大富豪は、こんなことを言っていました。

「ビジネスで大成功するのは、世界のわずか数パーセントだが、そもそも90パーセン

トの人間はトライすらしようとしない。成功しようと努力しているのは10パーセントくらいのものだ」と。

これを聞いて嘘だと思いますか？　あなたのまわりには、本気で成功しようと日々努力している人がどれほどいるでしょう。もしかしたら、1割に満たないかもしれませんね。

世の中でビジネスに成功している人は数パーセントかもしれませんが、成功しようと努力しているのは10パーセントほどなのです。つまり、努力している10パーセントのうちの数パーセントは成功しているということにお気づきでしょうか？

この数パーセントが5パーセントだったとしたら、チャレンジしている人の半分は成功者になっているということなのです。

チャレンジすることの重要性が、おわかりいただけると思います。

まずは、何でもいいので、**行動に移してみてください。**

もし、あなたが何かの資格を取りたいと考えたとします。そうしたら、まずは直近の資格試験に申し込んでしまいましょう。

「いきなり試験を受けたって合格するはずがない！」と思いますよね。それでいいんです。何も一発で合格する必要はありません。資格試験をいきなり受けることで、モチベーションが高まりますし、失敗しても自分の何が悪かったかが明確になります。

何もしないでいる90パーセントにならないように、まずは行動する10パーセントになってください。そこから、徐々に成功者となる数パーセントに近づけばいいのです。

成功するための戦略を立てる

さて、**行動ができるようになったら、次は戦略を立てられるようにしましょう。**

行動できるようになることが何よりも大事ですが、ただ闇雲《やみくも》に行動しているだけでは効率が非常に悪いのです。

行動ができるのであれば、今度は戦略的に行動できるように考える必要があります。

すでに何度かお話ししているとおり、私はかつて日本で飛び込み営業のセールスマンをしていたことがあります。その後、印僑の大富豪からのアドバイスをいただき、ジュガールによって4カ月連続営業成績全国1位になり、その秘訣は「親しくなったお客様にクライアントを紹介してもらった」ことにあるとも、お話ししました。

ただ、私が行動に移したのは、もちろんそれだけではありませんでした。それこそが、**戦略的に行動する**ことだったのです。

私が行なった戦略は次のとおりです。

◎**他の人が目をつけない地域に営業をかける**　↓　競合しない場所を探す
◎**需要がありそうな業種に集中して電話する**　↓　大きなマーケットを狙う
◎**時間を決めて次々と電話をかける**　↓　時間管理を徹底する
◎**他の人の力を借りて、効率的に動く**　↓　他人の協力を得る

この戦略で動き始めてから、みるみるうちに営業成績が上がり、収入も桁違《けたちが》いに増えました。そして、お得意様が増えていったことで、さらなる一手「お客様からクライアントを紹介してもらう」を使うことができるようになったのです。

現在、**私は10年先までの戦略をすでに用意**しています。何年の1月にはこれをして、5月にはこれをするという計画がすでに決まっているのです。

もちろん、すべてがそのとおりになるわけではありませんが、このように戦略を決めておけば、より行動がしやすくなるのです。

ゴールを決めて戦略を練る。

これが、上手に行動できるようになる秘訣です。

ジュガール・エッセンス

・90パーセントの人間は、本を読んでも行動に移さない。

・とにかく何でもいいから行動に移してみる。

・行動できるようになったら、戦略的に行動できるように考える。

「能力」より「スピード」を重視する

日本のビジネスはスローすぎる

私は祖国に帰ると、必ずインドの大富豪や企業のトップに電話して、面会の申し入れをします。

日本にいるときに事前連絡ができれば一番いいのですが、私も忙しいので、本当にインドに帰れるかどうかもギリギリまでわからないことが多いのです。

ですから、どうしても電話するのは、日本を発つ直前か、インドに着いてすぐというタイミングになってしまいます。

しかし、突然の連絡にもかかわらず、多くの大富豪や企業のトップは面会の申し入れを受け入れてくれるのです。なぜなら、私から連絡があったということは、「何かおいしい話を持ってきたかもしれない」と嗅覚《きゅうかく》が働くからです。

彼らは、「ビジネスとして重要なこと」と判断した場合、すぐにでも面会の時間を調整してくれます。これは、日本の一流企業のトップには、とてもできない芸当ですよね。

日本企業のトップであれば、数週間前には秘書を通してアポを取らなければ、直接お会いすることすらできないでしょう。

それが、インドなら当日にだって会えるのです。

この違いは何かと言えば、文化の違いが大きいのかもしれません。

インドでは、まだまだインフラ整備も完全ではなく、電車が止まった、作業員がボイコットしたなんてことは、日常茶飯事です。

つまり、さまざまな変化に臨機応変に対応していかなければ、生活もままならない状況なのです。

それは、ビジネスでも同じこと。**臨機応変にスピーディーな対応をしていかなければ、あっという間に置いてけぼりを食らってしまいます。**「さっきは戦略的に計画を練って行動すべきと言ったじゃないか」と言われるかもしれません。

もちろん、**中長期的な戦略は必要**です。

ただ、目の前にチャンスが転がっているにもかかわらず、「戦略に沿わないから」といってそのチャンスを見過ごしていいものでしょうか？

ビジョンを持つことは大切ですが、それに振り回されては意味がないのです。

商品力があっても、スピード力がなければ勝てない

特に現代のビジネスでは、スピード感が重要視されています。

最近のインドの家電量販店では、サムスンやＬＧなどの韓国製のものがズラリと並び、日本製のものはほとんど見かけません。

私は、日本製品の性能のすばらしさを知っているので、売り場の担当者に「なぜ、

日本製ではなく、韓国製のものばかり置いているのか？」と尋ねました。

すると、担当者はこう答えました。

「日本の製品は確かにすばらしいが、日本のビジネスはスローでお話にならない」

それを聞いて、私は納得しました。インドと日本の企業のトップに会えるまでの違いをお話ししましたが、日本はビジネスを進めるまでに時間がかかりすぎるのです。

「その件に関しては一度持ち帰って検討させてください」「会社に帰って上司と相談してきます」「役員会議で検討してから報告いたします」

日本のビジネスマンは、何ひとつ自分で決めることができないのです。

インドの家電量販店が値下げの交渉をしてきた場合、会社に帰って相談する日本と即座に返答する韓国では、韓国のほうが圧倒的に有利なのは間違いありません。

いくら良い製品をつくっていても、こんなスローな対応をしていたら、売れるものも売れないのです。

ビジネスはスピード第一。日本人が心に刻むべきジュガールではないでしょうか？

スピードがピンチを救う

ビジネスはスピードが重要であることがわかる一例をご紹介しましょう。

私は、飛び込み営業のセールスを辞めた後、旅行会社を立ち上げました。初めての起業ではありましたが、早々に70名の団体旅行が決まり、順調な船出をしたと思った矢先のことでした。

9・11同時多発テロ事件が起こってしまったのです。

翌日、私たちスタッフが出社すると、会社中の電話が鳴っていました。そうです、ツアーキャンセルの連絡が次々と押し寄せたのです。

私の旅行会社ではインドへのツアーをメインとしていたため、「イスラム教徒が多いインドへの旅行は危険ではないか」というお客様からキャンセルが相次ぎました。

お客様が不安を抱くのはもっともなことで、私もある程度のキャンセルは仕方がないだろうと予想はしていましたが、結局は予定していたすべてのツアーが中止に追い込まれてしまったのです。

普通なら、これで会社は倒産となるところですが、私の場合はそうはなりませんでした。旅行会社とほぼ同時に、ＩＴエンジニアの派遣会社も立ち上げていたからです。

実は、旅行会社を立ち上げるという直前になって、私にヘッドハンティングのオファーがありました。飛び込み営業で４カ月連続営業成績全国1位になったことを注目されたようで、「インド人ＩＴエンジニアの人材は引く手あまたなので、その仲介をするスタッフとして来てくれないか」とオファーをいただいたのです。

私は起業準備で忙しかったので、正直言ってまったく興味がなかったのですが、「仲介した人の年俸の30％は手数料として会社に入る」ということを知って、ふと思ったのです。「これって、私ひとりでもできるんじゃないか」と。

私は旅行会社の設立準備を終えると、ただちにインド人エンジニア専門の派遣会社の立ち上げに取りかかりました。

母国インドには日本で働きたいというエンジニアが山ほどいましたから、その中から優秀なスタッフをスカウトし、都内の転職フェアで売り込みました。

すると、当時はインドのＩＴ産業が日本でも話題になっていましたから、すぐに使ってみたいというオファーがありました。

インド人エンジニア3人をそれぞれ年俸1000万円で売り込んだので、仲介手数料30%の900万円が私の会社に振り込まれました。

こうして、ITエンジニアの派遣会社は、9・11ショックに揺れる旅行会社の穴を埋めたばかりか、大幅な黒字を我が社にもたらしてくれました。もし、私が旅行会社を設立するというビジョンだけを見ていたら、旅行会社は潰《つぶ》れていたと思います。

そこに**チャンスがあると思ったら、とにかくスピーディーに動く**ことこそが、ビジネスを成功に導いてくれるのです。

ジュガール・エッセンス

・日本人や日本企業はビジネスにおいて対応がスローすぎる。
・中長期的な戦略は大事だが、目の前にチャンスがあれば放っておかない。
・ビジネスはスピードが第一。フットワークを軽くする。

「強さ」より「しなやかさ」が勝負を決める

状況に合わせた「キーワード」を常に探る

ビジネスや人生においてジュガールを使うときに、最も重要なソリューションがあります。それは、**その場に合ったキーワードを見つけていく**ことです。

ジュガールとは、「算数の図形問題に使う補助線のようなもの」です。

どんなに難しい問題でも、補助線を引いたとたんに問題を解く鍵が見つかります。難しい問題も簡単に解くことができます。

その**補助線を見つけることこそが、ジュガールにおけるキーワード**なのです。

難攻不落の城を攻め落とすのにも、破約になりそうな契約をまとめるのにも、怒っている恋人の機嫌を良くするのにも、初対面の人と上手に話をするのにも、その問題を解決するには必ずキーワードが存在しています。

もし、あなたが正しいキーワードを見つけることができれば、それまでの何倍も簡単にジュガールを発揮しやすくなります。

逆にこのキーワードをうまく見つけられなければ、いつまで経ってもジュガールを使いこなすことはできないでしょう。

いかにキーワードを見つけ出すか？

それには、**変化に対応する適応力**を身につけなければなりません。

どんなキーワードを持っているかは、人それぞれ違います。

今日会う人と明日会う人ではまったく違ったキーワードを持っていることもありま

す。また、たとえ同じ人でも前回と今回では使うべきキーワードは違っている可能性もあるのです。

世界情勢や経済状況、社会環境はめまぐるしく変化を続けています。人は変わらなくても状況が変わっていれば、当然使うべきキーワードも同じではありませんね。

それは、ビジネスでも同じことです。同じ飲食業であってもA社とB社が求めているものはまったく違うこともあります。

刺さるキーワード例

では、ここで私がキーワードを見つけた事例を具体的に見ていきましょう。

すでにご紹介している、私がインドに出店した「IZAKAYA」の2号店を巡る話ですが、2号店はデリーで最も古いAshoka Hotelが展開している高級スパ「Amatrra」からオファーがあったのです。

この高級スパはインド屈指の財閥が経営していて、インドの政治家や財閥、芸能人が通っており、会員制でブラック会員（超VIP会員）になるには年間250万円ほどの会費を支払う必要があるのですが、彼らは会員向けにヘルシーな日本料理をスパ内で提供したいと考えていたのです。

そのとき、「ＩＺＡＫＡＹＡ」の2号店出店にはあまり興味を持っていませんでしたが、インドの富裕層とのコネクションはほしいと常々思っていたので、この話は我々にとっても願ってもないチャンスだったのです。

ここで、「ＩＺＡＫＡＹＡ」が持つキーワードと「Amatrra」が持つキーワードを確認してみましょう。

◎「IZAKAYA」が持つキーワード

「ヘルシーな日本食を提供している」
「評論家からも高評価を得ている」
「おしゃれでデリーでの評判も高い」
「日本人の顧客も多い」

◎「Amatrra」が持つキーワード

「インド屈指の財閥が経営している」
「顧客はインドの富裕層ばかり」
「老舗ホテルのスパだけあってステイタスも高い」
「海外も含めて店舗を拡大している」

この時点では、お互いが必要としているキーワードはほぼ一致していました。ウィン・ウィンの関係にあったわけですね。

ただし、**一つ大きな問題**があったのです。それは、「Amatrra」に出店するにはあまりにも高額な家賃が必要だったのです。

利害は一致しているのに、高額な家賃のみがネックになっていた。そこで必要なキーワードとはいったい何だったでしょうか？

正解は、**「家賃を無料にしてもらう代わりに、売上をシェアした」**です。

先ほど、それぞれのキーワードを挙げましたが、「Amatrra」側が最も必要としていたキーワードは「高級会員に今人気のヘルシーな日本食を提供したい」というものであり、我々が求めていたキーワードは「富裕層とのコネクション」でした。

つまり、「ＩＺＡＫＡＹＡ」が「Amatrra」に出店することで金銭的に儲けようというのは二の次だったのです。

ただ、老舗ホテルの高級スパですから、無償で店舗を提供するわけにもいきません。相手にもプライドがありますからね。

そこで、我々の考え出したキーワードが「家賃を無料にしてもらう代わりに、売上をシェアした」だったのです。

この最も効果の高いキーワードを効果的なタイミングで使ったことで、「Amatrra」側もすんなりＯＫを出してくれました。

これで、お互いに損をすることなく、本当にウィン・ウィンの関係となったのです。

もし、我々が提案していたキーワードが、**自分たちの利益を優先するものだったら、相手側は納得していなかった**でしょうし、タイミングも非常に重要だったと思います。

お互い「こうなったらいいな」というキーワードは何となく理解していても、切り出すタイミングによってうまくいかないことも多いのです。

このように、**使うべきキーワードは常に変化を続けており、いつも同じものが通用**

するとは限りません。

ジュガールには変化に対応する適応力がなければならないのです。

この適応力を身につけるためには、とにかく場数を踏むしかありません。

常にビジネスや人生でジュガールを使いながら、頭を働かせていれば、**「自分が何をほしくて、相手は何を欲しがっているのか」**というキーワードを見つけ出していけるようになるのです。

ジュガール・エッセンス

・問題を解決するキーワードは必ずどこかに隠れている。
・キーワードは相手やタイミングで常に変化している。
・キーワードを見つけるには、変化に対応する適応力がなければならない。

「火事場の馬鹿力」を出す方法

状況は常に火事場のように変化している

人生はサバイバルです。人間以外の生物を見てみてください。彼らは常に生と死のギリギリを必死に生き抜いているではありませんか。

では、人間だけは別だと思いますか？　そんなことはありません。今も多くの国では生と死の際で生き残りをかけて毎日戦っている人たちがいます。

たとえば、日本やアメリカ、ヨーロッパのように成熟した社会では、そんなに意気込まなくても生きていられるシステムが確立されています。これらの国では、のたれ死にするほうが難しいかもしれません。

しかし、それ以外の東南アジアや中東、アフリカ、南米の国々では戦争や飢餓で苦しむ国も多く、日々生きるか死ぬかの瀬戸際の中で、**常に選択を迫られている**のです。

私が生まれたインドも新興著しいとはいえ、まだまだ日々生きるか死ぬかの瀬戸際で生活している人々が多いのです。

ジュガールは、そんな厳しい環境の中で生まれた智慧《ちえ》なのです。

これまで、**ジュガールは「人間の可能性を引き出すメソッド」**であることを説明してきましたが、それは**「過酷な状況の中でも生きていける力を身につける」**ということでもあります。

日本は成熟した社会で、のたれ死にすることがないから「過酷な状況の中でも生きていける力を身につける」必要はないと思いますか？

そんなことは、ありませんよね。生きやすい社会だからといって、**人生においても**

ビジネスにおいても戦わなくてはならない場面はいくらでもあります。

あなたには戦う準備ができていますか？

「学校でいじめられたとき」

「大好きな人に嫌われてしまったとき」

「経営する会社の運営がうまくいかなかったとき」

「ビジネスで失敗して会社に損失を与えてしまったとき」

こんな状況を打破できるだけの心構えがあるでしょうか？

プロローグでも述べたとおり、抱えた問題を解決できないまま自信を失い、あきらめてしまう日本人がとても増えていると私は思います。

人生はサバイバルであり、それを生き抜く智慧であるジュガールは必要不可欠です。どんなに厳しい状況に立たされようとも、どんな不利な状況に追い込まれようとも、冷静かつスピーディーに頭を働かせながら、次々と問題を解決していく。

言ってみれば、**火事場の馬鹿力**です。火事場のようにまわりの状況は刻々と変わっていきますから、そのときそのときの状況に合わせながら、**臨機応変に自分を変化させて、現状を打開するのに最もふさわしい解決方法を導き出す。**

今の日本人に最も必要な力だと思います。火事場の馬鹿力が出せるということは、どんな局面にも対応できる能力を身につけたということになるのです。

人生もビジネスも状況に合わせた変化の中から、事態を好転させる突破口を見出していくものなのです。

「火事場の馬鹿力」を引き出す3つのポイント

では、火事場の馬鹿力を出せるように、変化に対応しやわらか頭をキープしておくには、どんなことを心がければいいいか。大きく3つのポイントがあります。

①1つの考えに固執しない

私はジュガールのセミナーでよく話しているのですが、まず常日頃から1つの色に染まったり、1つの考えに固執したりするのは避けることが大切です。

先ほどお話ししたように、私が旅行会社とほぼ同時にＩＴエンジニアの派遣会社も立ち上げていたように、1つのことにこだわってはいけません。

もし、旅行会社の設立で忙しいからとITエンジニアの派遣会社という可能性を放棄していたら、私はここで皆さんにジュガールについてお話しすることもなかったかもしれません。9・11同時多発テロ事件で旅行会社が大きな損失を出してしまっても、ITエンジニアの派遣会社が火事場の馬鹿力を発揮してくれたのです。

一つのことにこだわってしまうと、どうしても頑固になってしまい、いざというときの対応が遅れてしまいがちになります。

②フットワークを軽くする

また、フットワークを軽くしておくことも大切です。

いざというときにいつでも飛び出していけるよう、自分の身辺を身軽にしておいたほうがいいですね。

これは先ほどお話しした日本と韓国のビジネスマンに通じるものがあります。

インドの家電量販店が値下げの交渉をしてきた場合、会社に帰って相談する日本と即座に返答する韓国のビジネスマンとでは、韓国のほうが圧倒的に受け入れられると説明しました。いくら日本の製品が韓国の製品より性能が優れていたとしても、今のインドの家電量販店で受け入れられているのは、フットワークの軽い韓国製品なのです。

いつでもスピーディーに変化に対応できるように、フットワークを軽くしておくことをおすすめします。

③ふだんから「自分が絶対勝つ（生き残る）」と強く意識する

それともう1つ、生存競争から勝ち残るためには、ふだんの心構えがとても大切になってきます。「絶対に生き残るんだ！」「自分が勝ち残ってやるんだ！」という強固な意識を持つことが必要です。

とは言っても、日本のように成熟社会の満たされた国に生きている人は、サバイバル精神が希薄な傾向にあるので、簡単ではないかもしれません。

強固な意識を植え付けるためには、**常に目の届くところに目標を貼っておくとか、目標を声に出して自分に言い聞かせる時間をつくる**のもいいかもしれません。

ふだんの生活からこの3つのことを意識しておけば、どんな火事場がやって来ようとも、馬鹿力で切り抜けることができるようになります。
繰り返しになりますが、日本は熟成した社会で努力をしなくても生きていけるかもしれませんが、それでも一人ひとりの人生はサバイバルです。勝ち抜くためには、火事場の馬鹿力を身につけておきましょう。

ジュガール・エッセンス

・一つの色に染まったり、一つの考えに固執したりしない。
・フットワークは常に軽くしておく。
・「絶対に生き残るんだ！」という強固な意識を持つ。

他人を蹴落とさずに勝つ

成功は自分一人では実現しない

ビジネスや人生で成功を勝ち取ったり、競争に負けないためにはどうすればいいでしょうか?

「成功を勝ち取る」や「競争に負けない」という言葉を聞くと、どこか他人を蹴落とすようなイメージがあります。

しぶとく生き残るには、他人の邪魔をしてでも、自分の利益を追求する。きれいごとを抜きにして、確かにそういうやり方もあるのかもしれません。しかし、ジュガールにおいては、そんなやり方は認められません。

むしろその逆で、**他人とつながって関係性をより良くしていくことにより、勝利や成功を呼び寄せていく**ことこそがジュガールです。

多くの人とつながっていくことで、大きな勝利や成功が巡ってきて、よりすばらしい世界へと羽ばたいていけるのです。

他人を蹴落とすことで手に入れた勝利や成功は、いったいどれだけその後につながっていくのでしょうか？

きっと、とても小さなもので終わってしまうでしょう。

蹴落とされた人は必ずあなたを恨むでしょうし、それを見ていた人は、**自分も同じ目に遭わないようにと、あなたには近づかない**でしょう。

それでは1つの成功で終わってしまいます。

たった一度の成功で一生分のお金を稼ぐことができますか？

たった一度の勝利で満足のいく人生が歩めますか？

人生を生きるということは、必ず誰かとつながっていく必要があります。その関係を壊してしまっては一生後悔することになるでしょう。

もし、あなたが見知らぬ土地で生きて満足のいく生活をするためには、何が一番重要だと思いますか？

私の答えはこうです。

「人間関係のつながりを深め、信頼の輪を広げていく」

ジュガールは、**まわりの人の力を借りて自分を活かしていく**ことを大事にしています。

1人の人と信頼関係を築いたら、その人から自分の仕事や人間関係にとって重要な意味を持つ人を紹介してもらう。

そして、その人と会ったら、またしっかりと信頼関係を築いて、また別の重要人物を紹介してもらう。

そうやってつながりを深めながら、人脈の輪をどんどん広げていくのです。

人とのつながりが広がって信頼関係のリレーションシップが構築されてくると、困っていたところに助け舟が現れたり、いろいろなチャンスが巡ってきたりして、成功のステップを協力しながら上っていけるようになるのです。

つまり、**人とのつながりを大切にする人こそが、最終的に生き残る**のです。


成功者やお金持ちは、みんな人とのつながりを大事にしています。

きっとそれは、ジュガールを知らない人でも、万国共通のことだと思います。

インドでも日本でもアメリカでも、成功している人はみんなリレーションシップのつくり方がとても上手です。

人間関係の絆やつながりを広げていけば、自分のビジネスも広がっていくと、経験則で知っているのです。

そんな成功者たちが肌で感じ取った経験則を、ジュガールはきちんと教えとしています。

ジュガールは「勝つためのソリューション」であると同時に、「まわりとつながるためのソリューション」でもあるのです。

人とつながると、世界とつながる世界が自分を変える

印僑の大富豪の言葉に、「Road to the New World」というものがあります。

これには、**「行動を起こして誰かとつながれば、必ず新しい世界の扉が開ける」**という意味が込められています。

ここで言う「新しい世界」とは、単純に海外に飛び出すことでも、ビジネスを始めることでもありません。

新たな人間関係を築くこともそうでしょうし、新たな恋をすることもあるでしょう。新しい趣味や習い事にチャレンジするのもそうです。

「新しい世界」はどこにでも広がっていて、それは誰かとつながることで広げていくことができるのです。

そして、**「新しい世界」に出て行くと、人は必ず成長と変化を得ることができ、そこから自分の新しい可能性が引き出されていく**ことになるわけです。

これこそ、まさにジュガールです。

さらに、その可能性が実を結んで、自分を成長・変化させることのおもしろみがわかってくると、さらなる世界への扉を開けたくなってくるのです。

このように、ジュガールを使うと、常に新しい世界とのつながりを求めながら生きられるようになり、どんどん狭い世界を飛び出していくようになっていくのです。

人とつながること、世界とつながることは本当におもしろいものです。

もし、あなたが他人を蹴落とし、それを踏み台にして世界とつながろうとしても、決してうまくはいきません。

広い世界に飛び出せば、とても自分の力だけではやっていけないのです。**必ず誰かの助けが必要**となってきます。誰かを傷つけ、恨まれることはあなた自身のチャンスを潰すことにもなりかねないのです。

人生は一度きりです。もっと大きな世界へと羽ばたきたくはないでしょうか？

あなたはいかがでしょうか？

つながる力があれば、どんな時代も充実した人生をまっとうすることができると思いませんか？

たとえ過酷な状況に追い込まれても、たくましく生き残っていくことができると思いませんか？

これから何が起こるかわからない世の中を渡っていくためには、ジュガールのつながる力を活かしていくことが、最も賢い方法です。

そのためには、**たった一度でも他人を蹴落としてはいけません。その先には明るい世界は決して待ってはいません。**

多くの人と手をつないで楽しい世界へと進みましょう。

ジュガール・エッセンス

・他人とつながりや関係性をより良くしていくことで、勝利や成功を呼び寄せる。
・他人を蹴落とすことで手に入れた勝利や成功は、とても小さなもの。
・人とつながると、新しい世界とつながる。その世界が人生を変える。

エピローグ――ジュガールがあなたの潜在能力を引き出す

インドでは、身内にジュガリーが1人いれば人生に困らないと言われています。

たとえ、仕事や人間関係などで行き詰まったとしても、ジュガリーにアドバイスを求めれば、おのずと道は開けていくからです。

ただし、ジュガールは、特別な力ではありません。

誰にでも宿っている力であり、その気になって修練を積みさえすれば、必ず呼び起こすことのできる力なのです。

私は、できるだけ多くの人にその力を使えるようになってほしいと願っています。

多くのジュガリーが誕生し、成功や幸せ、富をつかめるようになり、そして、私やインドのジュガリーたちともつながってほしいと望んでいます。

今の日本人にはジュガールの力が必要だと確信しています。

さまざまな壁を前に立ちすくんだまま身動きが取れなくなっている日本人に、新しい世界の扉を開いていただきたいのです。

壁の向こう側にある新しい世界では、何にも縛られることはありません。

今まで縛られていた手かせ足かせから解き放たれたあなたは、鳥のように自由に羽ばたくことができるのです。

多くの人々が生き生きと躍動し始めるのです。

それまで滞っていたビジネスもスイスイと運ぶようになって、あちこちで画期的なイノベーションが生まれていくでしょう。

多くの日本人が世界を相手にビジネスをするようになって、一人ひとりが目覚ましい活躍を遂げ、多くの富と成功をつかみます。

これまで日本を包んでいた閉塞感はどこかへ消えてしまい、街にも人にも活気が戻り、「元気な日本」「自信に満ちあふれた日本人」がよみがえるのです。

ちょっとやそっとの不安がやってきても、びくともしません。

たとえ、いつ何が起こっても慌てることなく、やわらかな適応力で、どんな環境でもどんな状況でもしたたかに生きていけるはずです。

あなたの潜在能力はこんなものではありません。ぜひ、ジュガールを使ってその大いなる力を引き出してください。

一度きりの人生をエブリシング・イズ・ポッシブル

ジュガールはよりよく生きるためのソリューションです。

ジュガールを使えば、あなたの人生は確実により良いものに変わっていくでしょう。

自分の中に眠っている可能性をとことんまで引き出して、精一杯に生きてみようではありませんか。

一度きりの人生なのですから、自分の持てる力をすべて出し切って、可能な限りすばらしい人生にしましょう！

◎お金が思うように貯まらない。
◎自分のやりたいことが見つからない。
◎他人と上手にコミュニケーションを図ることができない。
◎家族や恋人、友人との関係がいまいちうまくいかない。
◎がんばっても、成績や周囲の評価が上がらない。
◎上手にビジネスを進めることができない。
◎プライベートが充実していない。

などなど。

これらの壁は、ジュガールで乗り越えられないものはありません。
あとは、アクションを起こすだけです。
頭でグルグルと考える前に、まずやってみてください。
古い常識や自分の狭い殻を打ち破って、新しい自分に生まれ変わりましょう。
古くて分厚いコートは脱ぎ捨てて、新しい自分に脱皮しましょう。

羽を広げて「小さな世界」から「大きな世界」へと飛び立ちましょう。

きっと、大きな世界を飛び回ってみれば、これまであなたが求めていたものが、実はすぐそばにあったことに気づくはずです。

成功、勝利、幸運、お金、恋愛、信頼、自信。

ぜひ、あなたの求めていたものを手に入れてください。

そして、手に入れたことに満足せず、また新たな世界の扉を一緒に開けようではありませんか。


エブリシング・イズ・ポッシブル――。

あなたの前に立ちはだかる壁を軽々とビヨンドしましょう。

その壁を乗り越えた先には、よりよい未来が待っています。

ジュガールは、よりよい未来を切り開いていくためのカギなのです。

今、あなたは未来へのカギを手にしています。

それを使うか使わないかは、あなた次第です。

ここまでお読みいただいたあなたなら、きっとジュガールを実践していただけると信じています。

そして、いつか皆さんとお会いできること、もしかしたら一緒にお仕事できる日が来るかもしれません。

私は、そのときを楽しみにしています。

2016年秋

サチン・チョードリー

【著者プロフィール】

サチン・チョードリー（Sachin Chowdhery）

1973年、ニューデリー生まれ。日本企業のインド事業開発支援、マーケティング支援、M&Aアドバイザリーを業務とするアバカス・ベンチャー・ソリューションズ代表取締役会長、鳥取県の地域活性化をミッションとする株式会社ITTR代表取締役社長。そのほか、経営コンサルティング会社、IT関連会社など、いくつもの会社を経営。神戸情報大学院大学では教鞭をとる。

幼少時に父親の仕事の関係で初来日、バブル期の東京で過ごす。帰国後も当時のきらびやかな印象が忘れられず、1996年に再来日。言葉の壁や差別など不遇の日々を送るが、印僑大富豪から「ジュガール」の教えを受けたことが大きな転機に。

今では母国インドはもちろん、日本でも数多くの事業を成功に導く実業家、パナソニックやアクセンチュアなど大企業の異文化経営・異文化戦略を指導する国際コンサルタントとして活躍。8兆円企業のコンサルも請け負い、コンサルタントフィーはなんと時給70万円。

著書『大富豪インド人のビリオネア思考』（フォレスト出版）は、インドに伝わる成功法則「ジュガール」を初めて日本に伝え、ロングセラーに。ほかに、『世界のお金持ちがこっそり明かす お金が増える24の秘密』（フォレスト出版）、『インド人大富豪 成功の錬金術』（サンマーク出版）がある。共著には『新興国投資 丸わかりガイド』（日本実業出版社）、シンガポールで出版された『WORLD-CLASS LEADERSHIP』（World Scientific Publishing）がある。NHK「探検バクモン」、テレビ東京「カンブリア宮殿」、日本テレビ「NEWS ZERO」「news every.」、フジテレビ「なかよしテレビ」など、テレビ出演も多数。


頭で考える前に「やってみた」人が、うまくいく

2016年11月1日　初版発行
2023年7月23日　3刷発行
著　者　サチン・チョードリー
発行者　太田　宏
発行所　フォレスト出版株式会社
〒162-0824 東京都新宿区揚場町2-18　白宝ビル7F
電話　03-5229-5750（営業）
03-5229-5757（編集）
URL　http://www.forestpub.co.jp

印刷・製本　日経印刷株式会社

ISBN978-4-89451-734-9 Printed in Japan